# 伽罗瓦
## ——智性与激情
## Évariste Galois(1811—1832)

[意] 劳拉·托蒂·里加泰利(Laura Toti Rigatelli) 著

梓 群 译

上海科学技术出版社

图书在版编目（CIP）数据

伽罗瓦：智性与激情 /（意）L. T. 里加泰利
(L. T. Rigatelli) 著；梓群译. -- 上海：上海科学
技术出版社，2025. 1. -- (数学家传记丛书).
ISBN 978-7-5478-6879-9

I. K835.656.11
中国国家版本馆CIP数据核字第2024AS3965号

First published in English under the title
Evariste Galois 1811–1832
by Laura Toti Rigatelli，edition：1
Copyright © Birkhäuser Verlag，1996
This edition has been translated and published under licence from
Springer Nature Switzerland AG.
Springer Nature Switzerland AG takes no responsibility and shall not
be made liable for the accuracy of the translation.

上海市版权局著作权合同登记号 图字：09 - 2023 - 0831 号

伽罗瓦——智性与激情
[意] 劳拉·托蒂·里加泰利(Laura Toti Rigatelli) 著
　　梓　群 译

上海世纪出版（集团）有限公司
上　海　科　学　技　术　出　版　社　出版、发行
（上海市闵行区号景路159弄A座9F-10F）
邮政编码 201101　　www.sstp.cn
江阴金马印刷有限公司印刷
开本 787×1092　1/16　印张 10.75
字数 140 千字
2025 年 1 月第 1 版　2025 年 1 月第 1 次印刷
ISBN 978 - 7 - 5478 - 6879 - 9/K·59
定价：59.00 元

本书如有缺页、错装或坏损等严重质量问题，请向印刷厂联系调换

# 推 荐 序

李尚志

《伽罗瓦——智性与激情》是一位意大利数学史家为法国天才数学家伽罗瓦写的传记。上海科学技术出版社要出中文版,请我为中文版写一篇序言。

首先必须指出,《伽罗瓦——智性与激情》用大约三分之二的篇幅描述了伽罗瓦跌宕起伏的一生,三分之一篇幅是伽罗瓦数学工作的简略介绍及相关文献,从传记角度来说,生平所占比重大是无可非议的,但是没有后面的三分之一,就没有前面的三分之二,也就是说,是伽罗瓦的数学成就使得他这个人值得被纪念、被研究,而不是相反。

另一方面,伽罗瓦的生平传记也有相当的价值。伽罗瓦常被誉为"人类十大天才"之一,在所有留名的天才人物中他当得起这样的称号。天才横空出世,思想超前,当然不易被人识得,于是他的命运多舛也不是小概率事件;加之伽罗瓦又比较折腾,成为文学家青睐的少数科学家之一,也免不了被添油加醋。不过,《伽罗瓦——智性与激情》是严肃的传记(但丝毫不影响中译本的文采),作者专门去巴黎的图书馆查阅资料,全书以阐述事实为主,少有评论,留给读者足够的空间思考。我觉得这样做是比较恰当的。不是评论本身不对,私下评论更没问题,但传记作者特别需要客观,如果公开评论不当,难免带入主观臆断而产生误导。世界是复杂的,人与社会尤其如此,那些试图寻找简单因果关系的努力往往一厢情愿、有失偏颇——尽管比迷信(臆想发明"因果关系")要强许多。

  需要解释的是,评论的书不是没有,有一类书就属(思想)评传,其实是评为主传为次,与生平传记有很大不同。一般来说,敢于写名人评传的作者和这个名人是差不多专业方向的,多见于文史哲,比如哲学家写哲学家,但很少看到科学家评传,毕竟写科学家的人自己往往不是科学家,而是史学家(科学分门别类太细太专了)。因此,所谓的评传,主要是对一个人的作品和思想的评论(白纸黑字记录下来),且以文科为多见。至于对其所处社会关系也即生平的评论则比较少见(更易出错,尤其是历史场景无法还原),除非你不写严肃的传记,而是写传记文学:即依据一定的历史背景,站在"上帝视角",穿插大量对话和心理活动,为"自圆其说"虚构一些事件,或为真实事件脑补子虚乌有的细节,甚至简单粗暴地为每个人贴上好人、坏人的标签(这样也就把作者的主观评论不知不觉带进来了,有的水平低劣就像某些粗制滥造的电视剧)。即使《三国演义》这样的杰作,亦被提醒读者不应被它的文学性故事性误导了对真实历史的了解(现在电子游戏里许多历史人物甚至都穿越、改行了)。

  西方也有不少传记文学。正如《三国志》和《三国演义》的关系,对于一个历史上真实存在的人物,尽管可以写他的传记文学,但更应该有他的严肃传记,以正视听。不得不承认,西方在严肃传记上相对而言做得比较到位,功夫很深。伽罗瓦由于其特殊的生平,易被文学式渲染,所以需要严肃的传记。不同于思想评传,更不同于传记文学,高水平的严肃传记都在挖掘史实上下功夫,过去见到一些对伽罗瓦的评论如性格问题、权威打压、社会黑暗等,尽管有些作用,但都不能算主因——如果公然夸大这些次因,"民科"们看了还不嘚瑟吗?他们就可能会自比伽罗瓦或其他什么名人,到处为自己鸣不平,这种事闹大了可能会引发口水战甚至阶层对立,给科研院校带来额

## 推荐序

外的麻烦。

当然，伽罗瓦的结局还是引起了法国教育界的反思，命运对他确实不太公平。后来，曾将伽罗瓦拒之门外的综合理工就没有错过庞加莱（庞加莱高度近视，绘图得了零分，肢体也不协调，其实庞加莱在学问上倒成了通才，除了数学和物理学达到顶级，他还是著名哲学家和法兰西学院文学院士）。要看到学术生态环境也在不断进步，否则以下这些大人物都会被埋没：爱因斯坦，拉马努金，诺特，纳什……当然，也包括华罗庚和陈景润。

多年来，我们一直有通才和专才之辩，似乎都有道理，其实真正好的教育环境应该是这样的：一个普通的人才如果太专，对于他的成长是十分不利的；但是，对于极少数的天才奇才怪才，如果他不精通其他知识和人情世故，社会应该适当宽容，即应由学界的权威人士好好保护他们，减少其生存之忧和上升阻力，就如哈代对拉马努金一样，只有这样，才能让这极少数人发挥出最大的光彩。人才本来也是各种各样，就像地球上有高原、盆地、山峰、平原，构成不一样的风景。另一方面也不得不承认，即使在今天，天才也不易被发现，因为考试、竞赛虽然是一种有效手段，但有其局限性，这种局限性体现在：过多地强调博闻强记的能力，应试套路的能力，使得世俗错误地把天才看成是一种聪明——如反应快、记忆力好、理解力强、会做题，等等，当然，这些也或多或少是需要具备的条件，但还远不是一个天才的标准。千里马不能没有伯乐，然而很可能伯乐长时间不出现。阿贝尔是因为贫穷和疾病早夭了，伽罗瓦的决斗却是不成熟的行为（可能与他偏科、不重视人文学有关），对于他所献身的共和事业也没有多少帮助，他所做的应该是耐心等待，等来刘维尔这个伯乐的支持。

以上这些，也许就是《伽罗瓦——智性与激情》对于读者以及我们的教育的启示意义。

为了更好地帮助读者理解伽罗瓦思想对于数学的伟大意义，下面我将着重介绍与伽罗瓦相关的数学成就。

## 伽罗瓦——智性与激情

中国人知道伽罗瓦的不算很多,更熟悉的是中国数学家华罗庚。虽然听不懂华罗庚研究的解析数论、多复变函数论、典型群等数学名词,却能听懂华罗庚自学成才的故事。华罗庚只读到初中就因家境贫穷而休学了,却继续自学,刻苦钻研,终于有一天在今天已是百年名刊的《科学》上发表了文章《苏家驹之代数的五次方程式解法不能成立之理由》,指出苏文的错误,引起了当时清华大学数学系主任熊庆来的注意,熊庆来邀请这位自学青年到清华大学任助理员,一边工作一边学习一边搞研究。后来,华罗庚又获得机会到英国剑桥大学留学深造,成长为国际知名的数学家。

自学青年华罗庚怎么可能发现苏家驹的错误,并且敢于写论文挑战权威?他的胆量和智慧从何而来?华罗庚的论文一开始作了如下解释:

> 五次方程式经 Abel,Galois 之证明后,一般算学者均认为不可以代数解矣,而《学艺》七卷十号载有苏君之"代数的五次方程式之解法"一文,罗欣读之而研究之,于去年冬亦仿得"代数的六次方程式之解法"矣。罗对此欣喜异常,意为果能成立,则于算学史中亦可占一席地也。惟自思若不将 Abel 言论驳倒,终不能完全此种理论,故罗沉思于 Abel 之论中,凡阅一月,见其条例精严,无懈可击,后经本社编辑员之暗示遂从事于苏君解法确否之工作,于六月中遂得其不能成立之理由,罗安敢自秘,特公之于世,尚祈示正焉。

文章中提到的 Abel(阿贝尔)、Galois(伽罗瓦)两位数学家的主要数学成果就是证明了五次及更高次数的方程"不可以代数解",也就是不存在求根公式。伽罗瓦就是我们这本传记的主角。他的最主要成果就是建立了伽罗瓦理论,彻底解决了前辈数学家欧几里得、阿基米德、牛顿、拉格朗日、高斯都没有解决的难题:代数难题就是寻找五次方程的求根公式,几何难题包括三等分任意角、立方倍积、化圆为方、正多边形的尺规作图,分别困扰了人类 300 年和 2 000 多年,这些都被伽罗瓦理论彻底解决了!伽罗瓦建立了一套判定标准,

## 來　件

### 蘇家駒之代數的五次方程式解法不能成立之理由

#### 華　羅　庚

五次方程式經 Abel, Galois 之證明後，一般算學者均認爲不可以代數解矣，而學藝七卷十號載有蘇君之"代數的五次方程式之解法"一文，羅欣讀之而研究之，於去年冬亦仿得"代數的六次方程式之解法"矣。羅對此欣喜異常，意爲果能成立，則于算學史中亦可佔一席地也，惟自思若不將 Abel 言論取倒，終不能完全此種理論，故羅沉思于 Abel 之論中，凡一閱月，見其條例精嚴，無懈可擊，後經本社編輯員之暗示遂從事于蘇君解法確否之工作，於六月中途得其不能成立之理由，羅安敢自秘，特公之於世，尚祈示正焉。

#### 解法簡述

用 Sylvester 之分離消去法 (Diabylic Method of Elemination) 將普通形

$$x^5 + p_1 x^4 + p_2 x^3 + p_3 x^2 + p_4 x + p_5 = 0$$

化爲可解形

$$X^5 + P_1 X^4 + P_2 X^3 + P_3 X^2 + P_4 X + P_5 = 0 \quad (\text{中有 } P_1 = 0, P_3 = 0, P_2^2 = 5P_4)$$

而 x, X, 有 $X = n_0 + n_1 x + n_2 x^2 + n_3 x^3 + n_4 x^4$ 之關係。

$P_1, P_2, P_3, P_4, P_5$ 爲 $n_0, n_1, n_2, n_3, n_4$ 之一次，二次，三次，四次，五次齊次函數，$P_1 = 0$，即 $n_0$ 可以 $n_1, n_2, n_3, n_4$ 之一齊次函數表之，以之代入 $P_2, P_3, P_4, P_5$ 則得 $n_1, n_2, n_3, n_4$ 之二，三，四，五次齊次函數，而 $P_3$ 之一般形可寫爲

$$\begin{aligned}&A_1 n_1^3 + A_2 n_2^3 + A_3 n_3^3 + A_4 n_4^3 + A_5 n_1^2 n_2 + A_6 n_1^2 n_3 + A_7 n_1^2 n_4 + A_8 n_2^2 n_1 + A_9 n_2^2 n_3 \\&+ A_{10} n_2^2 n_4 + A_{11} n_3^2 n_5 + A_{12} n_3^2 n_2 + A_{13} n_3^2 n_4 + A_{14} n_4^2 n_1 + A_{15} n_4^2 n_2 + A_{16} n_4^2 n_3 \\&+ A_{17} n_1 n_2 n_3 + A_{18} n_1 n_2 n_4 + A_{19} n_1 n_3 n_4 + A_{20} n_2 n_3 n_4 \hfill (\text{I})\end{aligned}$$

华罗庚反驳苏家驹的文章(1)

式中 $A_1\cdots\cdots A_{20}$ 爲 $p_1\cdots\cdots p_5$ 之函數爲已知者.

若令等于下式

$(a_1 n_1 + a_2 n_2)(a_3 n_1^2 + a_4 n_2^2 + a_5 n_3^2 + a_6 n_4^2 + a_7 n_1 n_2 + a_8 n_1 n_3 + a_9 n_1 n_4 + a_{10} n_2 n_3 + a_{11} n_2 n_4 + a_{12} n_3 n_4) + (a_{13} n_3 + a_{14} n_4)(a_{15} n_1^2 + a_{16} n_2^2 + a_{17} n_3^2 + a_{18} n_4^2 + a_{19} n_1 n_2 + a_{20} n_1 n_3 + a_{21} n_1 n_4 + a_{22} n_2 n_3 + a_{23} n_2 n_4 + a_{24} n_3 n_4)$     (II)

式中 $a_1\cdots\cdots a_{24}$ 爲未定係數.

再設 $a_1 n_1 + a_2 n_2 = 0$, $a_{13} n_3 + a_{14} n_4 = 0$, 代入 $P_2^2 = 5 P_4$ 式中, 則此式爲 $n_2, n_4$ 之四次齊次函數, 解之, 則得 $n_2, n_4$ 之比值, 由此可作得 $n_0 : n_1 : n_2 : n_3 : n_4$ 之值, 故普通形可化爲上之可解形, 換言之, 即五次方程式可得而解矣.

### 謬誤點

羅研究上意知其謬誤在 $P_3$ 中即(I)不能等于(II)也. 夫求未定係數 $a_1\cdots a_{24}$ 原文亦有求之之二十方程式 雖爲便利討探計, 特分之爲四類, 轉錄於下:

(一) $a_1 a_3 = A_1$                                            $a_2 a_4 = A_2$

     $a_3 a_2 + a_1 a_7 = A_5$                                $a_4 a_1 + a_2 a_7 = A_8$

(二) $a_{13} a_{17} = A_3$                                         $a_{14} a_{18} = A_4$

     $a_{17} a_{14} + a_{13} a_{24} = A_{19}$                       $a_{18} a_{13} + a_{14} a_{24} = A_{16}$

(三) $a_{13} a_{15} + a_1 a_3 = A_6$                  $a_{14} a_{15} + a_1 a_9 = A_7$

     $a_1 a_{11} + a_2 a_9 = a_{13} - a_{14} a_{19}$        $a_2 a_{11} + a_1 a_{16} = A_{10}$

     $a_2 a_{10} + a_{13} a_{16} = A_9$                $a_1 a_{10} + a_2 a_3 = a_{17} - a_{13} a_{19}$

(四) $a_1 a_5 + a_{19} a_{20} = A_{11}$            $a_2 a_5 + a_{13} a_{22} = A_{12}$

     $a_1 a_{12} + a_{14} a_{22} = A_{19} - a_{13} a_{23}$     $a_1 a_{12} + a_{13} a_{21} = A_{20} - a_{14} a_{20}$

     $a_1 a_6 + a_{14} a_{21} = A_{14}$               $a_2 a_6 + a_{14} a_{23} = A_{15}$

依原所謂假 $a_7, a_{24}$ 則由(一), (二)得 $a_1, a_2, a_3, a_4, a_{14}, a_{17}, a_{18}$ 之值, 則第二類乃爲 $a_5, a_{15}, a_9, a_{11}, a_{16}, a_{10}$ 之聯立一次方程式(設 $a_{19}$ 爲已知), 以行列式解之, 知其各分母悉爲

华罗庚反驳苏家驹的文章(2)

第二期　　　　　　　來　件　　　　　　　309

$$\Delta = \begin{vmatrix} a_1, & a_{13}, & 0, & 0, & 0, & 0 \\ 0, & a_{14}, & a_1, & 0, & 0, & 0 \\ 0, & 0, & a_2, & a_1, & 0, & 0 \\ 0, & 0, & 0, & a_2, & a_{14}, & 0 \\ 0, & 0, & 0, & 0, & a_{13}, & a_2 \\ a_2, & 0, & 0, & 0, & 0, & a_1 \end{vmatrix}$$

然

$$\begin{vmatrix} a_1, & a_{13}, & 0, & 0, & 0, & 0 \\ 0, & a_{14}, & a_1, & 0, & 0, & 0 \\ 0, & 0, & a_2, & a_1, & 0, & 0 \\ 0, & 0, & 0, & a_2, & a_{14}, & 0 \\ 0, & 0, & 0, & 0, & a_{13}, & a_2 \\ a_2, & 0, & 0, & 0, & 0, & a_1 \end{vmatrix} = a_1 \begin{vmatrix} a_{14}, & a_1, & 0, & 0, & 0 \\ 0, & a_2, & a_1, & 0, & 0 \\ 0, & 0, & a_2, & a_{14}, & 0 \\ 0, & 0, & 0, & a_{13}, & a_2 \\ 0, & 0, & 0, & 0, & a_1 \end{vmatrix} -$$

$$a_{13} \begin{vmatrix} 0, & a_1, & 0, & 0, & 0 \\ 0, & a_2, & a_1, & 0, & 0 \\ 0, & 0, & a_2, & a_{14}, & 0 \\ 0, & 0, & 0, & a_{13}, & a_2 \\ a_2, & 0, & 0, & 0, & a_1 \end{vmatrix} = 0$$

而 $a_3, a_{15}, a_9, a_{11}, a_{16}, a_{10} = \delta / \Delta$

∵ $\Delta = 0$, 故 $a_3, a_{15}, a_9, a_{11}, a_{16}, a_{10}$ 非不定卽無限大,故 (I) 等 (II) 之謬論不攻自破矣.換言之,卽 $P_3$ 爲零不能解得二一次式,故此法亦不能解五次方程式也.

## 中華教育文化基金董事會科學研究補助金及獎勵金當選人名單

(民國十九年度)

华罗庚反驳苏家驹的文章(3)

按照这套标准判别了怎样的方程有求根公式,其余的方程都没有求根公式,怎样的尺规作图可以实现,其余的都不可能实现。

现在的中学生都知道一元二次方程 $ax^2+bx+c=0$ 的求根公式 $x=\dfrac{-b\pm\sqrt{b^2-4ac}}{2a}$,所有的一元二次方程都可以将系数代入这个公式经过加减乘除及开方运算算出全部根。一般地,如果能够由方程的系数经过加减乘除及开方运算算出方程的根,就称这个方程根式可解。如果同一次数 $n$ 的所有方程能够将系数代入同一个公式经过加减乘除及开方运算算出所有的根,这个公式就称为求根公式。人们发现二次方程求根公式后,又过了1 000多年,到16世纪初,意大利数学家费罗(Ferro)发现了三次方程的求根公式,但他没有公开就去世了。不久,塔尔塔利亚(Tartaglia)也独立发现了三次方程求根公式,卡丹(Cardano)于1545年公布(如今称卡丹公式)。三次方程求根公式意义重大,使人们打开了复数研究的窗缝。卡丹的学生费拉里(Ferrari)受到启发发现了四次方程求根公式。

但是,人类寻找五次方程的求根公式的努力经过了300年也没有成功。直到19世纪初才由两个数学天才阿贝尔、伽罗瓦证明了五次及更高次方程没有求根公式。伽罗瓦的工作更彻底,建立了一整套理论,包括群论与域论,不但可以判别根式可解,还可以判定尺规作图。

既然阿贝尔与伽罗瓦证明了五次方程不存在求根公式,就应该承认这个结论,但是,苏家驹不承认,反而自称找到了五次方程的求根公式。写成文章《代数的五次方程式之解法》在《学艺》杂志上发表。自学青年华罗庚把苏的文章"欣读之而研究之",仿照苏的方法得出了六次方程的求根公式,就好比费拉里仿照卡丹的三次方程求根公式发现了四次方程求根公式。如果苏家驹是对的,华罗庚这个自学青年就可以一步登天,"于算学史中亦可占一席地也",但是,华罗庚没有被天上掉下的这个馅饼冲昏头脑,他清醒地认识到如果找不出阿贝尔、伽罗瓦的错误,苏与自己就都是错的。于是,华罗庚把阿贝尔的文章仔细推敲了一个月也无懈可击,又回头来推敲苏的文章,找到了错误。

如果站在自学青年华罗庚的立场,他应该希望苏家驹的五次方程求根公式正确,自己的六次方程求根公式也就正确,就可以"于算学史中亦可占一席地也"。即使苏错误,他的文章已经发表,没人反对,自己趁机发表六次方程求根公式的文章,先占了一席之地再说。反过来,自学青年指责权威有错,有可能受到打击,很有风险。即使自己是对的,纠正别人错误也不算创造发明,对自己也未必有多少好处。

我相信华罗庚根本没想这些,唯一的想法就是：有错误就应该纠正。于是他就发文章纠正了。后来的故事大家都知道。他获得了支持：文章发表了。清华大学数学系主任熊庆来看中了,请他到清华大学担任助理。他以此为起点成长为数学家。

很多人把华罗庚指出苏家驹的错误说成是挑战权威。其实他不是挑战权威,而是维护权威。苏家驹挑战阿贝尔、伽罗瓦这两位权威的正确结论,类似于现在还有很多"民科"还痴迷于三等分角。而华罗庚是维护阿贝尔、伽罗瓦的正确结论,所以是维护权威。其实,华罗庚不管谁是权威,只管谁有真理。他仔细阅读阿贝尔与苏家驹的文章,确认阿贝尔正确,苏家驹错误,他就毫不犹豫指出苏的错误。阿贝尔、伽罗瓦是不是权威？他们研究的成果达到了人类智慧的顶峰,解决了欧几里得、阿基米德、牛顿、高斯都没解决的难题,是当之无愧的权威。但是,阿贝尔、伽罗瓦活着的时候都是自学青年,虽然做出了很高的成就,但没有及时得到承认和支持就去世了：阿贝尔不到27岁病死,伽罗瓦不到21岁就因决斗而死,一直到去世的时候还是自学青年。《伽罗瓦——智性与激情》这本书较为详细地披露了伽罗瓦令人感慨的一生。

讲了以上的故事是要告诉读者朋友,你做出与伽罗瓦同样伟大的成就之可能性几乎为零,但应该不要做出愚蠢的"成就",不要去挑战真理。从网上看到还有人不甘心罢手,仍想研究五次方程求根公式,就像"研制"永动机一样。有些人声称是在研究五次方程的数值解法。数值解法早就被牛顿研究过了,牛顿切线法不但可以求任意次方程的数值解,即使不是多项式方程而是指数、对数、三角方程,都可以在某个近似解附近用泰勒展开化成一次方程来解,你可以拿来用,就没有什么好研究了。

伽罗瓦的理论不但彻底解决了求根公式问题,还彻底解决了古希腊留下的尺规作图难题,包括三等分任意角、立方倍积、化圆为方、正多边形。立方倍积就是作正方体体积等于已知正方体体积的2倍,也就是作方程$x^3=2$的根$\sqrt[3]{2}$。化圆为方是作正方形面积等于已知圆面积,也就是作方程$x^2=\pi$的根$\sqrt{\pi}$。

伽罗瓦理论证明了:三等分任意角、立方倍积、化圆为方都不能尺规作图。

正$n$边形只对如下$n$可作:

(1) $n=2^m \geqslant 4$ 是2的正整数次幂;

(2) 形如 $n=p=2^{2^k}+1$ 的素数,称为费马素数。

其中$k=0,1$的$p=3,5$早就知道可作。正17边形尺规作图法由高斯在19岁时给出。网上有帖子说高斯只给出了正17边形每边所对圆心角的余弦值

$$\cos\frac{2\pi}{17}=\frac{1}{16}\left(-1+\sqrt{17}+\sqrt{2(17-\sqrt{17})}+\right.$$
$$\left.2\sqrt{17+3\sqrt{17}-\sqrt{2(17-\sqrt{17})}-2\sqrt{2(17+\sqrt{17})}}\right),$$

并没有给出作图法,就猜测到底是高斯不会作图,还是会作图却不愿意叙述作图法? 这也是有点无知了,该余弦值由有理数经过加减乘除和开平方运算得到。中学生都会用尺规作图作出两条线段的和、差、积、商、平方根,都能按照这个根式一步一步作出$\cos\frac{2\pi}{17}$,从而作出圆心角$\frac{2\pi}{17}$,得到圆内接正17边形。高斯怎么可能不会按这个根式作图呢?

## 推 荐 序

（3）$n = 2^m p_1 \cdots p_t$ 是 2 的自然数次幂与有限个不同费马素数的乘积。

有的人又来研究近似作图。近似作图也不需要你研究了，三等分角、立方倍积、化圆为方、正 $n$ 边形都很容易作，而且比精确作图法误差更小。你如果按照高斯的正 17 边形作图法作正 17 边形的边长，将会发现误差很大。这是因为作图步骤太多，虽然理论上精确，实际作图每一步都有误差，步骤越多误差越大，积累起来就很大了。还不如一开始就猜一个边长，按这个边长重复 17 次看误差有多少，再按误差的 $\frac{1}{17}$ 调整。虽然每次调整都是估计，但会很快趋于精确值。这个方法可以实现任何尺规作图。

伽罗瓦的传记最后一部分"伽罗瓦的数学工作"用伽罗瓦留下的原稿解释了他的理论，我觉得读者不易读懂。我们在这里粗略解释一下他的基本想法。

先讲比较容易的：**尺规作图**。

尺规作图可以归结为由已知点作直线和圆，再由直线、圆相交得新点，直到作出所求的未知点。按解析几何的观点，每点可以用坐标表示。过两点的直线方程的系数可以由两点坐标经过加减乘除运算得出。已知点为圆心、已知长度为半径的圆方程系数也可以由已知点坐标及已知长度经过加减乘除得出。两条直线的交点坐标通过解二元一次方程组，由直线方程系数做加减乘除得出。直线与圆的交点、圆与圆的交点也是解方程组，需要解二次方程，需要开平方。交点坐标由方程系数做加减乘除开平方得出。因此，尺规作图作出的新点坐标由已知坐标做加减乘除及开平方得出。

设第一条已知线段长度为 1。经过加减乘除生成有理数集合 **Q**。每次作图扩充的新坐标与旧坐标做加减乘除得到的全体数组成一个新集合 $F$，对加减乘除封闭，称为域。这个域中的数为坐标的点都可作，称为可作域。从 **Q** 开始不断扩充可作域。以 **Q** 为系数域，以后的域都看成向量空间，就有维数。每次扩充就是添加一个平方根，维数乘 2。有限次扩充之后维数变成 $2^n$。如果所做新点所在空间维数为 2 的整数次幂，才有可能尺规作图。如果维数含有 2

11

以外的素因子，肯定不能作。

三等分任意角是解三次方程，根的维数是 3，不整除 $2^n$，因此不能作。立方倍积作方程 $x^3-2=0$ 的根，左边在有理数范围内不能分解，维数也是 3，也不能作。化圆为方是作 $x^2-\pi=0$ 的根，$\pi$ 不是有理系数代数方程的根，不是代数数而是超越数，更加不可作。（放宽条件后人们发现，折纸可以三等分任意角、立方倍积，但化圆为方还是不行。）

为什么边数 $p=2^{2^k}+1$ 为费马素数的正 $p$ 边形可作？因为作的是方程 $x^p-1=0$ 的根 $\omega$ 的实部。方程左边可分解为 $(x-1)(x^{p-1}+\cdots+1)=0$，$\omega$ 是 $x^{p-1}+\cdots+1=0$ 的根，次数 $p-1=2^{2^k}$ 是 2 的幂。为什么 $p=2^3+1$ 不行？$p=9$ 不是素数，导致 $x^9-1=(x^3-1)(x^6+x^3+1)=0$ 的根 $\omega=\cos\dfrac{2\pi}{9}+i\sin\dfrac{2\pi}{9}$ 是 6 次不可约方程 $x^6+x^3+1=0$，其维数 6 不是 2 的正整数次幂。

再介绍**求根公式**。

伽罗瓦研究求根公式，不仅关注 $n$ 次方程 $f(x)=x^n+b_1x^{n-1}+\cdots+b_{n-1}x+b_n=0$ 的 $n$ 个根 $x_1,\cdots,x_n$，而是更关注 $n$ 个根经过加减乘除（除数不为 0）得出的全部元素组成的域 $K$。根据韦达定理，方程的系数 $b_1,\cdots,b_n$ 由根经过加法与乘法得出，因此都在 $K$ 中。这些系数做加减乘除产生一个域 $E$ 含于 $K$，是 $K$ 的子域，称为方程的系数域。

$n$ 个根共有 $n!$ 个不同的置换组成的集合记为 $S_n$，其中每个置换 $\sigma$ 将根的每个分式 $g$ 变成另一个分式 $\sigma(g)$。而且保持分式的加减乘运算：$\sigma(g\pm h)=\sigma(g)\pm\sigma(h)$，$\sigma(gh)=\sigma(g)\sigma(h)$。因此每个置换 $\sigma\in S_n$ 都是域 $K$ 的一个自同构。

由于方程系数 $b_k$ 都是根的对称多项式，每个置换 $\sigma\in S_n$ 将每个系数 $b_k$ 保持不动 $\sigma(b_k)=b_k$，将每个根 $x_i$ 变成 $\sigma(x_i)$ 满足 $f(\sigma(x_i))=\sigma(f(x_i))=\sigma(0)=0$，$\sigma(x_i)$ 仍是某个根。因此，如果 $K$ 的自同构 $\sigma$ 保持系数域 $E$ 每个元素不动，一定是根的置换。

将置换的合成定义为置换的乘法,置换集合 $S_n$ 就对这样的乘法及除法封闭,称为对称群。伽罗瓦通过研究这个群的性质判定根式可解。

如果方程 $f(x)=x^n+b_1x^{n-1}+\cdots+b_{n-1}x+b_n=0$ 根式可解,所有的根 $x_1,\cdots,x_n$ 可以通过系数加减乘除及开方运算得到。根生成的域 $K=E(\beta_1,\cdots,\beta_m)$ 就可以从系数域 $E$ 开始,每添加一个方根 $\beta_k=\sqrt[p_k]{B_k}$ 就与前一个域作加减乘除扩充到新的域,最后扩充到 $K$。但是每次添加方根 $\beta$ 就添加了它所满足的方程 $x^p-B=0$ 的全部根 $\beta,\omega\beta,\cdots,\omega^{p-1}\beta$,由一个根 $\beta$ 乘单位根 $\omega$ 的各次幂得到,它的自同构不能把这 $p$ 个根任意置换,只能将它们同乘 $\omega$ 的某个整数次幂,从而将这 $p$ 个根轮换。比如,同乘 $\omega$ 引起轮换 $\beta\to\omega\beta\to\cdots\to\omega^{p-1}\beta\to\beta$,这些轮换组成的置换群是循环群。另一方面,域 $K=E(\beta_1,\cdots,\beta_m)$ 的自同构可以将先添加的方根 $\beta_1,\cdots,\beta_k$ 都保持不变,只改变以后的方根 $\beta_{k+1},\cdots,\beta_m$。将前 $k$ 个方根 $\beta_1,\cdots,\beta_k$ 保持不变的自同构组成的群是正规子群。伽罗瓦研究发现 $n(\geqslant 5)$ 的对称群 $S_n$ 不存在这样的正规子群,因此这样的方程不存在求根公式。

$n(\geqslant 5)$ 次方程的求根公式有无穷多种可能性,很难找到,更难想象它居然可以不存在。但 $n$ 个根的置换个数有限,只有 $n!$ 个,组成的对称群 $S_n$ 结构有可能研究清楚。伽罗瓦通过 $S_n$ 不存在所要求的正规子群发现了一元 $n(\geqslant 5)$ 次方程不存在求根公式。这无疑是数学史上的"神来之笔"!

伽罗瓦为什么能够攻克前人束手无策的难题,是因为他换了个角度来看问题。他不去到处搜寻求根公式,转而研究根的置换。这是他成功的关键,也可能是他不能很快得到承认的关键,他跑得太快了,让同时代的数学权威们都不能及时理解,不过终究还是理解了,伽罗瓦也就被公认为是群论的创始人。正如书中伽罗瓦的一封信里所说"它浩瀚无边"——伽罗瓦也许已经感觉到他开辟了全新的数学领域,其意义甚至远超尺规作图和五次方程等几个难题的解决。

### 伽罗瓦——智性与激情

之后的历史证实了一切：群论后来被戴德金、李、嘉当、诺特等人大大发展，建立了抽象代数的大厦。诺特、外尔、维格纳等人还充分认识到群论及代数学对于理论物理（如量子力学、粒子物理、相对论、大统一理论）的重大核心意义（在他们之前群论已用于晶体学），最终让物理学界彻底接受，从"群祸"华丽转变为物理学的一种标准语言。伽罗瓦要是知道这一切，该多么感慨啊。

19—20世纪物理学和数学得到了辉煌的发展，诞生了一批科学之星，伽罗瓦无疑是异常耀眼的一颗。他们永载史册，但并不只属于故纸堆，后人须站在他们的肩膀上继续努力。现在，数学和物理学还有很多亟待解决的难题，向科学家们提出了新的挑战。

希望下一个伽罗瓦能够早一点被理解。

# 目　录

英译本自序 ·········································································· 1

自序 ··················································································· 1

引言 ··················································································· 1

第一章　童年岁月 ································································· 3
　　　　1811—1823 ···························································· 3
　　　　一所严格的学校 ······················································· 8

第二章　醉心数学 ································································· 15
　　　　塞翁失马 ································································ 15
　　　　早期抱负 ································································ 19
　　　　祸不单行 ································································ 27
　　　　辛年肇始 ································································ 33

第三章　"光辉三日" ······························································ 38
　　　　查理十世的条令 ······················································· 38
　　　　巴黎暴动 ································································ 41

|  |  |  |
|---|---|---|
|  | 又一位国王！ | 48 |
|  | 告别师途 | 53 |
| 第四章 | 为路易-菲利普干杯！ | 61 |
|  | 新的计划 | 61 |
|  | 官司缠身 | 65 |
|  | 十五人审判 | 78 |
|  | 在狱中 | 80 |
| 第五章 | 毫无意义的死亡 | 92 |

埃瓦里斯特·伽罗瓦的数学工作 …… 100
文献 …… 125
  1 伽罗瓦的工作 …… 125
  2 传记 …… 129
  3 传记研究 …… 130
  4 小说，戏剧，电影 …… 132
  5 与伽罗瓦生平有关的历史著作 …… 132
  6 经典伽罗瓦理论研究 …… 135
  7 关于伽罗瓦的第二份纪要的研究 …… 141
人名索引 …… 142
写在最后的话 …… 147

# 英译本自序

此次英译我所著伽罗瓦传记 *Matematica sulle barricate* 允许我稍作补充。第四章就"十五人审判"增加了一节。就伽罗瓦的数学贡献,专门增加了一章。参考文献纳入了伽罗瓦关于代数方程的"经典"理论。

在此,我想对我的儿子维耶里(Vieri),安德烈亚·索尔比(Andrea Sorbi)和保罗·帕利(Paolo Pagli)表示感谢。

劳拉·托蒂·里加泰利
1995 年 7 月于锡耶纳(Siena)

# 自　序

文学小说、电影与戏剧都对伽罗瓦津津乐道。他被数学家传为神话，虽然赞扬并不总是毫无争议的。然而，不论是中肯的传记作者还是怀抱敌意的批评家，都未曾将他们的论点基于可靠的历史证据的基础上。既然没有被彻底研究过的伽罗瓦传记可用，我决定尝试填补空白，从档案馆中的文档、当代记事和报纸中的证据开始。

在巴黎历史图书馆度过的美好时光充满惊奇，屡有新发现。我得以体验利奥波德·因费尔德(Leopold Infeld)在其小说《神眷之人》(*Whom the Gods Love*)中所述种种。和他一样，我爱上了19世纪的法兰西。

基于对被忽略至今的文档的分析解读，我提供了伽罗瓦之死的另一版本。这些文档是：里昂(Lyons)的报纸《先驱报》(*Le Précurseur*)所载文章，警务总监吉斯凯(H. J. Gisquet)和吕西安·德·拉·奥德(Lucien de la Hodde)的回忆录，后者是路易-菲利普(Louis-Philippe)所遣间谍之一。

过去几年中，我试图与接触到的许多人分享我对伽罗瓦的热情，尤其是我的学生，其中劳拉·贝蒂(Laura Betti)，芭芭拉·博努奇(Barbara Bonucci)，克劳迪娅·博尔塞利(Claudia Borselli)，弗朗切斯科·布伊内(Francesco Buini)和贝亚特里切·特雷米蒂(Beatrice Tremiti)随我去巴黎寻找伽罗瓦的原始档案。谨对他们与我富有启发性的长谈表示感谢。

艾弗·格拉顿-吉尼斯(Ivor Grattan-Guinness)与罗伯托·G.萨尔瓦多里(Roberto G. Salvadori)提供的参考文献对我帮助很大,在此深表谢意。也对拉法埃拉·弗兰奇(Raffaella Franci)和保罗·帕利表示感谢,他们阅读了初稿并提出了有用的建议。

最后,若无女儿菲奥伦扎(Fiorenza)的重要贡献,本书不可能完成。她的名字足以作为共同作者出现。

劳拉·托蒂·里加泰利
1992 年 10 月于锡耶纳

# 引　言

1832年春，"人民之友"(*Société des Amis du Peuple*)聚集了其共和派内最活跃的成员。他们唯一的敌人是"法国的国王"，他们唯一的目标是结束他的统治。为此不惜流血。

对于将路易-菲利普·德·奥尔良(Louis-Philippe d'Orléans)送上王位的1830年7月的革命，他们不仅感到失望，而且视之为某种羞辱。共和之声号召巴黎人民走上街头设置路障，共和之血飞溅其上，然而结果是，继年迈的拉斐德(Lafayette)将军之后，又一位国王出现在市政厅的阳台上。巴黎街头还布满着为结束波旁暴政捐躯的尸体，共和派却已经在准备一场新的起义了。他们谋划了近两年，哪怕是要牺牲巴黎地标之一——圣母院——也在所不惜。点燃教堂正面的双子塔将作为武装起义的信号。烈火吞噬教堂尖塔的同时，密谋者将散布开来鼓动革命。其中更狂热者相信，将火灾归咎于警方以及人群的聚集足以成为革命火花。

然而，打入人民之友组织的拉奥德(La Hodde)向警察局局长吉斯凯(H. J. Gisquet)发出预警，导致天才的计划落败。圣母院得救了，随之一起的是路易-菲利普的王位。

即便如此，在1832年春，革命派仍认为饱受严重经济滑坡和霍乱之苦的巴黎人民已做好响应新的起义的准备。5月7日,"人民之友"的领导成员在18街的圣路易(Saint-Louis)医院碰面。是时候做出决定并制订一份导向与两年前的悲惨失败不同结局的新计划了。在场之一的正是20岁的埃瓦里斯特·伽罗瓦(Évariste Galois),他因政见被判处9个月。监狱记录描述其为"数学家教"。

"彻底幻灭,即使是对爱情和名誉也一样。"正是借由他的想法形成了具体计划。他常说:"要是我确信一具躯体足以刺激人们革命,我会奉献自己。"约1个月后,在6月5日,巴黎街头再度被路障阻断。第一次,飞扬其中的是社会主义的红旗。

伽罗瓦,虽然他的思想胜出了,已无法与他永恒的敌人斗争。他已于5月31日离世。

# 第一章
# 童 年 岁 月

**1811—1823**

伽罗瓦一家自1789年革命之初就拥抱了革命思想。他们居住在上塞纳省（Hauts-de-Seine）皇后镇（Bourg-la-Reine），巴黎外郊奥尔良（d'Orléans）门往南4公里处。他们的村庄因蒙马特尔（Montmartre）修道院而起。修道院是12世纪路易六世的皇后萨沃伊的阿德莱德（Adelaide of Savoy）设立的。

18世纪中叶以来，一所学校能为家庭带来繁荣和声望。革命之风将皇后镇变成了平等镇（Bourg-Egalité），旧式教会学校纷纷被废除，但一开始并没有足够多的非教会学校取而代之。于是伽罗瓦一家迎来了新生活，直至拿破仑时代结束。

泰奥多尔-米歇尔（Théodore-Michel）和尼古拉-加布里埃尔（Nicolas-Gabriel）两兄弟都是拿破仑皇帝的忠诚子民。前者通过参军并成为皇家护卫的一名长官展示了他的忠诚。后者比起战场来更热爱书本，决定接管他们的家庭学校。聪明的他写起诗歌和戏剧来挥洒自如，是沙龙中的宠儿。不论是好友还是点头之交，都为其友善礼貌的举止着迷。

在皇后镇的主干道［现在称为勒克莱尔（Leclerc）将军大道］上与伽罗瓦一

家差不多相对的是德芒特一家。托马斯-弗朗索瓦·德芒特（Thomas-François Demante）是索邦（Sorbonne）大学的法学首席教师（agrégé），也是卢维耶（Louviers）法院的主审法官。他与尼古拉-加布里埃尔·伽罗瓦是忘年交。后者所要做的就是穿过马路，选择阿德莱德-玛丽（Adélaide-Marie）——或许是德芒特的女儿中最漂亮的——作为他将来的新娘。1808年结婚时，尼古拉-加布里埃尔·伽罗瓦三十岁，而他的妻子年仅二十。

阿德莱德·玛丽绝非平庸。他的父亲是一流的拉丁学者，她从父亲那儿得到了扎实的教育。她智慧、活泼又慷慨，个性鲜明，对生活的态度深受古典教育熏陶。

婚姻是美满的。一年后诞生了一名女婴纳塔莉-泰奥多尔（Nathalie-Théodore），名从她那征战欧洲的叔叔。两年后的1811年10月25日凌晨1点，长子诞生。这一次命名，他的父母参考了日历。次日清晨，骄傲的父亲告知皇后镇首长拉维塞（Lavisé）：他儿子的名字是埃瓦里斯特，从圣之名。后者的圣日正是10月26日。

伽罗瓦一家为埃瓦里斯特庆生，虽然在家庭预算允许范围内尽可能奢华，也正如他们的社会地位所要求的那样不能太简陋，在同年三月为拿破仑与奥地利的玛丽-路易丝（Marie-Louise）所生的帝国继承人所办的庆典面前无疑是微不足道的。101声枪响向拿破仑-弗朗索瓦-约瑟夫-夏尔（Napoléon-François-Joseph-Charles）的诞生致敬。他的父亲授予他"罗马之王"的头衔，强调了他的皇权主张。

确实，在那欢乐的一年，拿破仑的气运看起来永不衰竭，波拿巴王朝注定成为欧洲霸主。皇帝并不将俄法联盟的终结视作威胁，反而当成新征途的契机。两大强权之间的战争，在他看来，不仅允许他征服莫斯科，还将打开通往大不列颠真正的财富源泉——印度——的道路。

希冀着新的荣耀，1812年6月24日，拿破仑率军渡过涅曼（Niemen）河——东西帝国间的自然边界。但仅仅四个月后，撤退开始了。随后的一两

# 第一章 童年岁月

场战斗给了他短暂的胜利,最终他在奥地利的干预下落败,被迫于1814年4月6日无条件退位。一个月后的5月3日,路易十八(即上了断头台的路易十六的兄弟)到达巴黎。白色的波旁旗帜再度在圣母院双塔上飞舞。《马赛曲》被禁。只需几周,法国人民就明白国王君主立宪制的承诺不过是诱骗他们相信革命主要成果不会丢失的权宜之计。

路易十八坚信君权神授,并设法将权力集中在君主制手中,使人民几乎没有政治代表。上议院成员直接由国王提名。下院成员严格限制到特定社会阶级,因为收入必须高到直接纳税达300法郎的程度才能投票,而若要成为候选人,这一数字更是上升至1 000法郎。这些规定也使中上阶层不满,他们日益对归来的流亡贵族夸张的声明感到恼火,而神职人员重获影响力给所有社会阶层带来冲击。新政权不过几个月,人民已逐渐准备好发起另一场革命。波旁复辟激起了一场全国解放运动。在皇后镇,尼古拉-加布里埃尔·伽罗瓦被公认为本地领袖。

与此同时,被流放至厄尔巴(Elba)岛的拿破仑等待着归来的时机。1815年2月26日,在《马赛曲》与"皇帝万岁"的伴随下,他乘坐的帆船无常号

图1 在伽罗瓦出生地建起的房屋上的铭牌

(l'Inconstant)启航。3月1日,他于普罗旺斯登陆,二十天后在人群的欢呼声中再次入主杜伊勒里宫(Tuileries)。拿破仑回归巴黎的影响之一便是尼古拉-加布里埃尔·伽罗瓦被任命为皇后镇的首长。

然而,拿破仑及其支持者的梦想只持续了一百天就在滑铁卢的战场上戛然而止。法军被英普联军击败。7月8日,路易十八回到杜伊勒里宫。再度复辟的波旁政权变本加厉,情况比三个月前更糟了。不过在皇后镇,形势保持稳定,埃瓦里斯特的父亲再度被确认为首长。照理来说他的前任会因拿破仑政权的垮塌重新掌权,但那人卷入了一些灰色交易,被迫离开小镇。不管怎么说,尼古拉-加布里埃尔·伽罗瓦的人望足以击败极端君主主义者的反对,使其得以留任。

与其说是国王本人,不如说是他的随行者们的行为成为席卷全国的新政治氛围的原因。路易十八总的来说对政治并不特别感兴趣,他把具体事务交给了大臣们。他最大的担忧是自己的健康。体型肥胖,兼有痛风,他甚至无法自立行走。

法国分裂成了两个对立派别。左边是革命理想的狂热支持者,右边则是保皇派。中间派是稀罕物。保皇派(或称正统派)的对手们称其为"极端保皇派"或直接简称"极端"("Ultras")。他们的领袖是国王的弟弟阿图瓦(d'Artois)伯爵。

路易十八为唤回传统而颁布宪法,或称宪章(Charte),此举令其饱受极右批评。正统派相信天主教会与国家的紧密联盟,决意惩罚所有那些与拿破仑百日新政有干系的"背叛者"。因此他们启动了一系列惩罚行动,后来称为"白色恐怖(White Terror)",其间数百名波拿巴主义者遭到谋杀。为不受干扰地行动,他们不惮于设立秘密结社,其中最重要的当属圣会(Congrégation)。许多国家官员的任命有赖于该秘密结社的罪恶影响。正统社团也担负起宗教宣传的任务。他们在教堂热烈布道,并为大革命的罪行举办某种多少有些恐怖的补偿仪式。

## 第一章 童年岁月

图 2 路易十八

直到 1818 年才真正建立起一个左翼党派,取名独立党(Indépendents)。它容纳了所有反对者:前帝国士兵、自由派、共和派以及波拿巴主义者。这个反对党群体在 1819 年选举表现出色,但随后发生的一事震动正统派,应激反制措施落地,他们的努力被证明是徒劳无功。1820 年 2 月 13 日傍晚,阿图瓦伯爵之子贝里(Berry)公爵,也即王位的唯一继承人,当时他离开大剧院(Opéra),在黎塞留(Richelieu)街遭到一名做工男子路易-皮埃尔-卢韦尔(Louis-Pierre Louvel)刺杀。"极端"决定为他们的希望复仇,向国王施压,要求惩罚所有反对派。第一项镇压措施是新的选举法,进一步限制公民参与公共生活。较富裕的选民得到两张选票。自由主义思想的传播也必须受到限制。

虽然超过 50% 的民众目不识丁,通过酒馆与市场的谈话了解时事,还是有一些反政府报纸创办起来了。被认为最危险的当然是《审查员》(Le Censeur),它以厚颜无耻的自由而世俗的方式复兴了伏尔泰的反宗教思想。正统派还要求国王压制媒体。他通过议会颁布了重新引入新闻审查的法律。此后任何出版皆须国王的首肯。

公立学校受到严格控制。任何被怀疑有反王室倾向的教师均失去了工作，由神父取而代之。所有这些发生于埃瓦里斯特·伽罗瓦正要在巴黎就学的时候。

## 一所严格的学校

阿德莱德·玛丽·伽罗瓦是受过良好教育的女士，这使其能够负责三个孩子的教育[1814年诞生了次子阿尔弗雷德（Alfred）]。对长女纳塔莉-泰奥多尔来说，婚前其母的教育已经足够。但她的两个弟弟需要更多关照。

埃瓦里斯特十岁生日后，父母决定是时候送其上学了。他们选择了兰斯（Reims）的一所初中。在通过入学考试后，埃瓦里斯特获得了部分奖学金。然而，真到了将他送上旅程的时候，他的母亲又舍不得让她温和害羞的儿子离家了。他看起来过于体格弱小，没有防备，还不适合前往离家这么远的地方。她决定留其在家，给其更多玩耍和享受宁静家庭生活的时间。两年后，父母觉得必须作出决定，让其离家上学。尽管年龄尚幼，他被著名的巴黎公立路易大帝中学（Lycée Louis-le-Grand）录取为四班寄宿生。

设立公立高中（Lycée）在法国还是相对较新鲜的事，是1802年5月1日通过的富克鲁瓦（Fourcroy）法案中最新颖的事项。一年级称为六班，最后一个年级称为一班，也称修辞班（rhétorique），紧随其后的班称为哲学班（philosophie）。

这所于19世纪之初转制为公立高中的学院有着漫长而光荣的历史，自1563年名为Collegium Societatis Jesu的耶稣会学校迁址至圣雅克（Saint-Jacques）街6号朗格勒酒店（Hôtel de Langres）开始。至17世纪末，学校已闻名全国，乃至路易十四认定这所学校配得上自己的名号。它是革命期间巴黎

第一章 童年岁月

图3　公立路易大帝中学,1885年重建前的正面照

唯一维持开放的教育机构。在其他学校均陷入混乱之时,虽然教育方法和手段都在变化,它还是设法保住了学术声誉,尤其是在经典学习方面。1832年秋埃瓦里斯特入学时,老旧的朗格勒酒店已是年久失修——破旧的外观加之墙上的巨大裂缝,大门和窗条让它看起来更像是一所监狱而非学校。

不过,年轻住客的活泼与建筑的苍老形成了鲜明对比,前者在拿破仑百日期间已几乎走得太远。许多学生愿意离校与拿破仑并肩作战。当他们被禁止离校时,一场暴动发生了。学校厨师险些被吊死,而副校长则冒了被丢出窗外的风险。

1815年以来有许多反叛与不服从的篇章。校长们,路易-加布里埃尔·塔耶费(Louis-Gabriel Taillefer)及其年轻的后继者弗朗索瓦-克里斯托夫·马勒瓦尔(François-Christophe Malleval),难以平息汹涌的骚动。休暇时激烈的讨论和争吵是常态。考虑到学生中兼有雅各宾派,波拿巴主义者,正统派,乃至几乎所有其他政治派别的后代,这并不令人惊讶。另一个促成强烈反叛倾向的因素是学校严格的纪律。

学生的一天开始得很早。清晨5点30分,铃声在每间40人、床与床之间相距一米的无供暖寝室响起。在庭院喷泉(整个设施内的唯一一个)快速洗漱后,学生被要求无声地穿上制服。制服是深蓝色戎装风格的夹克和长裤(淡蓝色衣领与绣花)及双角帽——由拿破仑选定,他总是事无巨细。路易十八的新政权并不认为有必要改变制服。

着装与集中祈祷之后径直前往教室。一段时间的学习想必会增进他们的食欲。教室没有课桌,只有阶梯。学生落座其上,书本与练习册置于膝间。照明限于两名学生共用一支蜡烛。老鼠在地板和阶梯上乱窜,有时甚至啮咬学生。木制的教师桌在高高的讲台上,很像教堂中的讲坛,以便教师掌握全班的纪律与注意力。每间教室内有一座荷马或西塞罗的大理石雕像俯视教师桌,一支蜡烛置于其上。教室和行政办公室一样配备大火炉,后者的效果与其说是供暖不如说是散发恼人的烟雾。

图4　公立路易大帝中学的学生制服(1806—1906)

## 第一章 童年岁月

7点30分,也即两小时的学习之后,早餐直接供应到教室。早餐由水和干面包组成,要求快速无声地吃完。时限是一刻钟。面包藏在口袋里之后吃是不允许的。

读者们,请不要误以为这样的早餐在当时的巴黎是典型的。巴黎的中产阶级喝奶咖或茶(复辟后英国成为时尚),而富裕阶层更是享用热可可和新鲜出炉的面包卷,佐以巴尔扎克所称的frippe,即黄油、蜂蜜和果酱。为何供应这些成长中的男孩的是监狱般的饮食呢?大概是因为人们相信严格的饮食有助于形成坚强的性格吧。

走读生于8点钟到校,授课开始,持续到中午。午餐在食堂供应,仍然在绝对静默中进行。用餐时一位导师会朗读正能量的著作选段,之后可能问及这些内容。这就是用餐时沉默得以保证的原因。午餐限时三刻钟,为一道稀粥,其中添加了脂肪、肉类和蔬菜。鱼偶尔代替肉,此时由蛋代替蔬菜。周日会有特殊的款待——一份大米布丁,作为对最勤奋的学生的奖励。终于,休暇时间到来。此时允许公立高中生们说话并在庭院散步。跑步是不允许的。对15岁以上的人来说跑步被认为是不庄重的。

下午的授课于2点钟开始,6点钟结束,在4点半有短暂的点心时间。走读生6点钟离校,但对寄宿生来说还有一项任务。依然要求保持静默,他们将前往小教堂。过程中的一举一动都要求军事级别的精确性,包括下跪和用圣水画十字的动作。7点半礼拜结束,在食堂进晚餐。8点半就寝,之前不再有休暇时间。就寝前的准备也必须在静默中进行。

难以相信一所有着约500名学生的学校当真如同规定的那样时刻保持寂静。可以理解,规矩相当频繁地被打破。惩罚是严厉的,包括被锁入惩戒牢房,只提供面包和水。1824年,公立路易大帝中学在这种牢房的数量方面冠绝巴黎诸校——12个。它们狭小、阴暗、潮湿,仅有木制长凳和一个壶。"犯人"于上午10点半关入,晚上8点整释放。冬天甚至不提供一支蜡烛。惩戒通常至少持续四天,并且学生被要求完成一篇希腊文或拉丁文的长文翻译。

最轻微的违规也可招致惩罚。除了在强制静默期间说话，进餐时取用太多，挑食，打破盘子或其他陶器，就寝时辗转反侧，上课或礼拜时坐立不安，或是学生间常见的恶作剧，都足以构成违规。惩戒牢房是从来没有空位的。

埃瓦里斯特入校恰逢马勒瓦尔的校长职位由数学教师尼古拉·贝尔托（Nicolas Berthot）接替，后者曾在综合理工（Ecole Polytechnique）教授画法几何，但其恶名主要来自于对付公立高中学生的手段。他到任不久谣言就传开了，说他是圣会派来为耶稣会接管学校打前站的。

多数学生认为，需要对此进行一些示威。他们决定通过在礼拜时拒绝颂唱来表达反对。惩戒比通常的关入牢房严厉多了。学生领袖被揪了出来并开除学籍。此事的结果是学生决定在时机到来之际发起更激烈的反抗。1月28日是庆典日，纪念伟大的9世纪欧洲教育改革家，受祝福的查理曼（Charlemagne）大帝。依惯例，全法国的学校都要举办庆宴，邀请最优秀的学生与全体教职员工。宴上吟诵拉丁文与法语诗篇，官方发表演讲并祝酒。

1824年的1月28日到来了，这一天是周三。75名全校最优异的学生受到邀请，不过这不包括本书的主人公，他还没有时间出名呢。举办宴会的房间灯火通明以示与平日不同，周遭饰有波旁王朝的鸢尾花白旗。学生一进场，贝尔托就意识到事情不对劲。死一般的寂静，平日里哪怕是上课时都做不到。本来在这样的场合应该恰恰相反才对。即使如此，他还是假装没有注意到。宴会正常进行，直到传统的忠君祝酒那一刻。学生们没有响应，徒以笑声淹没校长的祝辞。75名不忠者被立即革除学籍。学校失去了它最有前途的学生。

归功于自母所受的学前教育，虽然埃瓦里斯特不适应路易大帝中学的严格纪律，他还是很快就崭露头角。四班结束时他获得了一项奖励和三个优异（distinction）。次年他参与了"一般比赛"（Concours général），巴黎最优秀学生间的年度比赛，并在希腊文翻译中获得优异。在公立高中，他获得了拉丁文诗作的头奖。母亲有理由为其子自豪。

1825—1826学年，埃瓦里斯特受持续整个冬季的严重耳痛困扰，无疑是由朗格勒酒店寒冷潮湿的房间造成的。尽管如此,二班结束时他还是获得了四个优异,足以证明其进展顺利。当最好的学生之一并没有使埃瓦里斯特快乐。他非常想念开朗的父亲(埃瓦里斯特对他总是很亲)。至于不可避免要经历的惩戒间,孤独的监禁使其沮丧并倍感羞辱。而如果说单调的日常学校生活对埃瓦里斯特和他的同学来说是痛苦的源泉,那么外面世界发生的事情也绝不让法国人民高兴。

图 5 查理十世和他的将军们

在持续数日的痛苦后,路易十八于1824年9月16日告别人世,成为最后一名葬于圣丹尼斯(St. Denis)修道院教堂的法国国王。继任者查理十世即他的弟弟,正统派的领袖阿图瓦伯爵。次年5月于兰斯教堂举行的新王加冕仪式确认了君权服从于教权。古代政权(ancien régime)的仪式被不折不扣地执行。

为安抚治下,至少是暂时地,查理被迫接受前任签署的宪章,并废除了新闻审查,以作为与左翼和解的姿态。然而,他同样乐意接受神职人员和"极端"们得寸进尺的要求。对教会作出的一项重大让步是将反宗教罪行的概念引入刑法。从今往后在教堂中渎神就判处死刑。虽说这些法律适用性很有限,难以取证,但它确实是代表了违背国家世俗性质的严肃的原则性声明。反对的矛头现在指向宗教事务和耶稣会士的诡计,后者正在迅速掌控教育事业,因而成为毫不留情的讽刺批评及打油诗嘲讽的对象。

查理十世登基也给公立路易大帝中学带来一处小小变化:一套新制服。公立高中生们对他们旧式戎装风格的制服相当自豪。现在他们觉得身穿圆形帽子和长裤颇为荒谬,后者代替了他们习惯了的短裤(culottes)。

# 第二章
# 醉 心 数 学

**塞翁失马**

1826 年夏,公立路易大帝中学迎来了又一名新校长。接任贝尔托的是皮埃尔-洛朗·拉博里(Pierre-Laurent Laborie),年近六十的圣会宠儿,曾在佩皮尼昂大学(the University of Perpignan)教授神学。赴任几天后拉博里就给教育大臣写信,解释在他看来任务多么艰巨:

> 学生对宗教几无兴趣。少数那些保有信仰的学生羞于画十字,害怕同辈的嘲讽与讥笑。对他们来说没有什么东西是神圣的。他们的心和灵与蛮族无异。他们的不尊重已达极点,没什么改善的希望。甚至教师们也不成榜样,不定时参加礼拜。父母也很糟糕,攻击耶稣会士,谈论神权统治的威胁,从而给儿子们的想象煽风点火,让他们充满叛逆之心。耶稣会士是我们学生津津乐道的话题。要怎么对待认定自己的叛逆之举会得到父母赞许的学生啊?

新任校长并非智者,职业生涯有赖于政界人脉。他很快证明了自己在教育事务方面观点狭隘。

1826年秋,年仅15岁之际,伽罗瓦将开始一班即修辞班(rhétorique)的学习。拉博里坚信要求如此之高的学习对他的年龄来说为时过早,得复读二班才行。他的成绩出类拔萃?无关紧要。所有事情都得按部就班地进行啊!这便是顽固的校长8月21日邮告其父母的决定。他强调:"智与灵可以补偿学习之短,但它们不能代替只能由成熟带来的判断力。"预见到埃瓦里斯特会抗议,他补充道:"他得保持警惕,因为他的新对手们可不会让他日子好过。他得对付我校最优秀的班级之一。他得非常努力地学习,才能保住他最佳学生之一的位置。"

父亲对此次来信大为恼火,强烈反对拉博里的愚行。因此那年秋季伽罗瓦还是得以就读修辞班。第一学期末,他的老师德福尔热(Desforges)评注说他学习热情(zeal)且成绩良好(good)。不过,也许是迫于拉博里的压力,报告中也出现了这么一句:"他的思维还不够成熟,不足以全面收获修辞班的精华。"

次年一月,受到来自校长的更大压力,伽罗瓦一家不得不屈服了。伽罗瓦回到了二班。该届二班由去年九月刚到任的圣-马克-吉拉尔丹(Saint-Marc-Girardin)授课。此事使其倍感屈辱,然而不得不承认的是,恰是一个顽固男人的一意孤行激起了年轻新秀的新志向,乃至为某些伽罗瓦的传记作者创造出真正的传奇提供了素材。

于1814年制订、1830年部分修订的法国学校课程标准将必修数学引入三班,并在哲学班继续进行。第一年中学生学习算术概念。教师可以从艾蒂安·贝祖(Étienne Bézout)的《算术》(*Arithmétique*),博叙(Bossut)神父,马里(Marie)神父或西尔韦斯特-弗朗索瓦·拉克鲁瓦(Sylvestre-François Lacroix)的书中选择其一。

拉克鲁瓦的书在二班也很重要,在那里代数和几何取代了算术。就后者而言,作为拉克鲁瓦的替代,教师也可以提议选用出现于1794年即白色恐怖之年,译本为整个19世纪全欧洲学生所使用的那本书。我们所指的,当然就是阿德里安-马里·勒让德(Adrien-Marie Legendre)的名著《几何原理》(*Eléments de géometrie*)。

在其数学研究的重要性之外,勒让德(伽罗瓦入学公立高中时他已年近八十)也因其对革命理想的热情闻名全国。尽管没有直接参与政治活动,他支持了革命期间所有数学工程。他是1790年科学院受制宪议会之命设立的度量衡委员会的成员。勒让德测量了地球子午线的长度,精度使委员会同僚惊叹不已,从而使将地球极点到赤道距离的一千万分之一作为一米成为可能。他所著《几何原理》起源于对科学严谨性的追求,后者刻画了18世纪最后十年的法国数学,并促使勒让德"或多或少按欧几里得的顺序"阐述几何。该书使其享誉国际。

在修辞班,学生继续学习代数和几何,仍用与前一年相同的课本。三班和二班数学课每周用时5小时,修辞班每周4小时。前三年课程的名字是预备数学(Mathématiques préparatoires),或称基础数学(Mathématiques élémentaires)。哲学班的数学课称为专业数学(Mathématiques spéciales),将为学生参加特定高等学府的入学考试做好准备。在哲学班,科学科目每周用时16小时,而一门像哲学这样的文科科目只有7小时课时。

在称为"专业数学"的课程中,学生继续学习代数,用的是欧拉的经典著作,加上拉格朗日的《论任意阶数值方程的解法》(*Traité de la Résolution des Equations numériques de tous les degrés*)。所谓的代数于几何的应用(即现代的解析几何)用的书是拉克鲁瓦然后加上普莱·德·利勒(Poullet de Lisle),或加上毕奥(Biot)的《二次曲线和曲面的解析处理》(*Traité analytique des courbes et des surfaces du second degré*)。

1819年,督学安培(Ampère)和朗迪(Rendu)建议将罗伯逊(Robertson)的《锥形截面的几何处理》(*Traité géometrique des sections coniques*)作为可选替代,加之以拉兰(Laland)的《对数》(*Logarithmes*)和雷诺(Reynaud)的《代数

和三角学片段》(*Fragments sur l'Algèbre et la Trigonometrie*)。

伽罗瓦的第一位数学教师是1824年11月就职该公立高中的夏尔-路易-康斯坦特·加缪(Charles-Louis-Constant Camus)。他在头两年似乎并未对数学课特别感兴趣。是复读二班的遭遇与新课本的结合，使他"发现"了这个科目。二班新任数学教师让-伊波利特·韦龙(Jean-Hippolyte Véron)，人称韦尼耶(Vernier)，去年十月选择了勒让德的书作为课本而非拉克鲁瓦(1838年往后使用韦尼耶自己写的书)。

我们提及的传奇是这么说的：伽罗瓦仅用两天时间就读完了为期两年的课程所用的勒让德著作，像是读冒险小说一样。忘却了丑恶的周遭，突然发现了美妙的世界，在那里和谐与简单主宰万物，是可以寻求庇护的世外桃源。

自那一刻起，他就只对数学表现出兴趣了。这意味着无视其他学校科目，并将自己与同学隔离开来。他在学校的行为可见地改变了。

第二学期的学校报告抱怨他的行为不端与时断时续的学习。下面是报告结尾的总体意见：

> 该名学生，除最后两周确有学习之外，对课目毫无兴趣，只出于对惩戒的恐惧才学习。惩罚接连不断。有时他的练习末尾留空，其他时候则做错。至于拉丁作文，他只限于写出主题。他的志趣，他时常招摇显摆的独创性，他怪异的性格，都使他在同学间面临孤立。

韦尼耶的评语则不同：学习刻苦，富有成效(assiduous, fruitful application)。韦尼耶是缺乏经验的年轻人，也不是特别有才华的教师。他缺乏想象力，只是单调地重复勒让德书上的定理和问题，不加评论，也没有新的例子。授课显然不能满足伽罗瓦，他经常能自行得出与勒让德不同的推导，头脑中充满疑问，问韦尼耶也只是浪费时间。他很快就明白他的能力鹤立鸡群，于是开始读其他书籍，不满足于单单一本代数课本。

1827年秋季他得以进入由皮埃罗(Pierrot)和德福尔热授课的修辞班时，

## 第二章 醉心数学

伽罗瓦已对文科科目兴致全无。教师评语清晰地表明了这一点：

> 他的作业中空无一物，徒有怪诞幻想与茫然无知；
>
> 与正确之道南辕北辙且每况愈下；
>
> 心不在焉，唠唠叨叨；
>
> 品行不端，渴望创新。

而韦尼耶实际上并不完全理解伽罗瓦想法的转变，在授课的头一个学期之末给出了积极的评价：运用自如，进步极佳（excellent application and progress）。

此后，伽罗瓦在完全的孤立中怀揣着创作者特有的那种紧张度过白天，也许还有许多不眠之夜，只有同学讥讽的笑声相伴。他的头脑中等式与定理狂舞，使他时而欣喜不已，时而疲惫沮丧。他就一个重要的问题工作了两个月，那就是近300年悬而未决的五次方程的求根公式问题。他认为他解决了，结果只是发现自己论证中的错误[①]。然而，这一挫败只不过让他更加集中精力，在美妙新世界中发掘得更深。到第二个学期末，德福尔热写道：

> 他沉醉于数学之中。因此，在我看来，应该建议父母让他就集中精力在这一个方向上。他在这里浪费时间，除了激怒他的教师迫使他们不断惩罚他以外，无所事事。

尽管是相当差的教师，但也许正是这个原因，使得韦尼耶意识到伽罗瓦，为其激情和惊人的想象力所窒，并未系统地学习，或者说至少没有做必要的常规练习和学习标准规范——数学教师们让学生像教条一样重复这些实在是司空见惯。但伽罗瓦对韦尼耶观感不佳，对其建议不屑一顾。他现在一心想叩开综合理工（Ecole Polytechnique）的大门。

## 早期抱负

雅各宾专政期间，所有学院与大学都被废除了，因为担心知识分子会代替

---

[①] 原文是：他认为自己找到了这个公式。——译注

伽罗瓦——智性与激情

旧式世袭贵族成为新贵。而1794年热月政变后的自由资产阶级转向促成了将对法国教育产生深远影响的新立法：设立巴黎高师(Ecole Normale)和综合理工。后者很快就成为全法或许是全球最负盛名的科学教育机构。它旨在为从事民用与军事工程做准备。

为设立训练工程师的机构，1794年成立了公共工程委员会。委员会成员之一是数学家加斯帕尔·蒙日(Gaspard Monge)，时值48岁，正处于科研与政治生涯的巅峰。他曾是位于梅齐埃(Méziers)的军事学院的学员，也是一名有影响力的雅各宾派。后来他成了忠实的波拿巴主义者，随拿破仑前往埃及。和勒让德一样，他也是度量衡委员会成员。委员会于1799年结束使命。作为海军部长，他也是签署事关路易十四审判与行刑的官方文件的人员之一。

依军事程序规划并很快投入使用的新机构原名中央公共工程学院(Ecole Centrale des Travaux Publiques)，次年改为现名综合理工。蒙日作为热心的创办者中的一员出任首任校长，同时也是该校最有名望的教师之一。其他名师包括拉格朗日、拉普拉斯(S. Laplace)、勒让德、拉克鲁瓦和加斯帕尔·德·普罗尼(Gaspard de Prony)。位于今天笛卡儿街的纳瓦尔学院(Collège de Navarre)被选为校址。

综合理工给法国教育界带来重大变化。纯粹科学的研究兴趣与技术应用成功结合——后者被证明需要坚实的理论基础。一大批青年才得以学习最先进的科学知识，他们经历了严格的入学考试，也受严明的纪律约束。该校的教学是围绕数学进行的。另外，在伽罗瓦的时代，入学的通常是怀抱自由思想的年轻人，座右铭是"为了我的祖国，为科学与荣耀"，据说歌声震动政教两方。

综合理工是伽罗瓦唯一真正想要就读的学校，它的纪律也是他唯一乐意接受的。但他所有的一切只有只言片语和自身想象。他没有通知父母就参加了1828年6月的入学考试，结果失败了。虽然失望，他还是决心来年再试，暂且回到公立高中听课——此时正由里夏尔(Richard)执教"专业数学"。他与路易-保罗-埃米尔·里夏尔(Louis-Paul-Emile Richard)的相遇是他一生中最快乐的际遇之一,后者当即意识到自己收了高徒。终于有人能理解伽罗瓦的志向了。

里夏尔于 1785 年 3 月 13 日生于雷恩(Rennes)。其父从军,衔至炮兵中校,在共和国和帝国期间都曾服役,表现优异。幼时的小小意外导致里夏尔不能子从父业,他决定为人师表。他先是作为研究硕士(maître d'étude)在杜埃(Douai)公立中学就职,次年赴蓬蒂维(Pontivy)的皇家学院,自 1816 年起在那里执教"专业数学"。1820 年初到巴黎时在圣路易学院(College St. Louis)执教"基础数学",随后便任职于路易大帝中学。最终他被任命为该校"专业数学"的授课教师。里夏尔不是思想家,但他热爱自己执教的学科,他出色的教学天赋也使其得以向学生传达这种热爱。很多综合理工的学生是因里夏尔的授课而萌发科研兴趣的。他们不仅为所授的科学内容着迷,也为其精炼的数学语言所吸引。里夏尔始终紧跟研究前沿,坚持阅读最新的科学文章和论文。他非常欣赏射影几何的方法,教学之余会听索邦大学夏斯莱(Chasles)所授的讲座。他内敛、腼腆同时非常慷慨,时刻准备出手帮助学生。不出意料,除伽罗瓦外,还有许多知名科学家曾是其学生。其中之一是天文学家于尔班·勒威耶(Urbain Le Verrier),他利用微积分,通过天王星轨道的扰动发现了海王星。还有数学家夏尔·埃尔米特(Charles Hermite)和约瑟夫-阿尔弗雷德·塞雷(Joseph-Alfred Serret),后者是率先将伽罗瓦的思想融入代数的作者。

1837 年 1 月,里夏尔因对国家教育的贡献获得奖章。不过他的书面作品都偏于说教,留在家中从未出版,今已不存。54 岁过世时他的名望已如此之高,乃至《新数学年鉴》(*Nouvelles Annales de Mathématiques*)为仅有学校教师身份的他写了讣告。

在新班级的学习中伽罗瓦没有偷工减料,尽管可以理解地,伴随着里夏尔的鼓励,他还是将大部分时间投入到跟随自己的直觉中。他按时且高质量地完成作业,其中的解答如此富有创造性以至于里夏尔部分基于它们进行授课(虽然没有言及这种模仿)。其余学生和伽罗瓦之间的差距就是如此之大。这

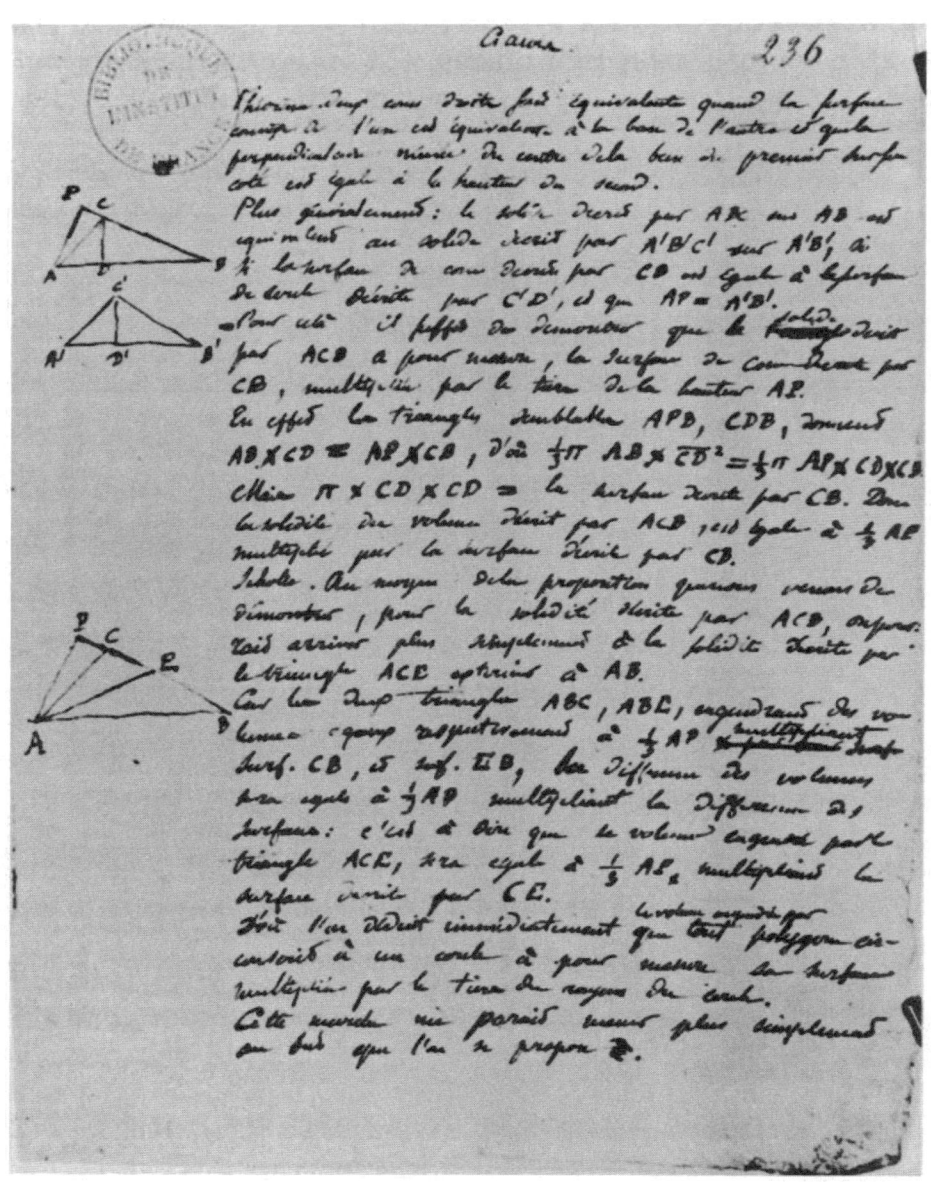

图 6　1828—1829 学年伽罗瓦的学校练习,手稿的 236 页

些练习被里夏尔珍藏一生。临终前他将这份传家宝留给了埃尔米特,仅存的能欣赏其原创性的人。今天它们保存在法兰西学院(Institut de France)的图书馆中。

里夏尔对伽罗瓦该学年所有三个学期的表现都给出了热情洋溢的评价:"这名学生远超同辈","该名学生只学高等数学"。不幸的是,并非所有人都分享了这份热情。形成对比的是,执教物理及化学的蒂尔拉耶(Thillaye)对伽罗瓦评价很差。

让-巴蒂斯特·安托万·蒂尔拉耶(Jean-Baptiste-Antoine Thillaye),医生,物理学家,化学家,是医学院藏品负责人,也是某物理实验室主任。他在巴黎是知名人士,其课程是二十年经验的产物,想必相当充实。物理课内容涵盖静电学及天文学,前者基于蒙日和普安索(Poinsot),后者采用德朗布尔(Delambre)的《简明教程》(*Abrégé*)和毕奥的《物理天文学基础课程》(*Traité élémentaire d'Astronomie physique*)。

蒂尔拉耶和里夏尔一样热心教学,甚至允许学生使用他在大学的物理实验室。然而伽罗瓦只热衷于数学,拒绝对其他学科展现出真正的兴趣。这被视为异常,为此校方与其几度争吵。蒂尔拉耶对伽罗瓦三个学期的评价概括了他的看法:"从不学习(never studies)。"

而在伽罗瓦与里夏尔漫长热烈的讨论中,所谓的反常就不见踪影了。两人相处融洽。热心的教师和他聪明学生的讨论覆盖了当时数学研究的主要热点。勒让德、高斯、拉格朗日和柯西是最常提及的名字。

正是经由里夏尔的斡旋,伽罗瓦的第一份原创研究得以被《数学年鉴》(*Annales de Mathématiques*)接收,1818 年创办它的约瑟夫·迪耶·热尔戈纳(Joseph Diez Gergonne)当时仍任其编辑。此文刊登于 1829 年 4 月 1 日,处理了一个与循环小数相关的定理的证明。作者身份被描述为"路易大帝学院的一名学生"。在科学论文中读到这样一条关于作者学术身份的描述想必不同寻常。这篇文章表明作者深受拉格朗日的影响。虽然也是高质量的,它并未昭示伽罗瓦日后非凡直觉结出的硕果。

1829 年 4 月 6 日,数学家尼尔斯·亨里克·阿贝尔(Niels Henrik Abel)

于挪威小镇弗罗兰(Froland)死于肺结核,年仅27岁。他出生于境况窘迫但受过良好教育的家庭,试图倚仗自己杰出的数学天赋谋生,但生前从未成功。而在无疑是生活困窘导致的去世后仅过了两天,一封来自柏林的信函送达,任命他为大学教授。

受惠于挪威政府的一笔小小资助,阿贝尔曾于1826年7月至1827年3月期间客居巴黎,意图拜访彼时最伟大的法国数学家们。不幸的是,他注定失望——他们并未给予他太多关注。其中最著名的是奥古斯丁-路易·柯西(Augustin-Louis Cauchy),时值40岁,职务与科研上都如日中天。柯西是虔诚的基督徒、保皇派,对当时的政治状况相当满意,也是圣会的积极分子之一。他在综合理工教授数学分析,同时在索邦任力学教授,并且是科学院(Académie des Sciences)院士。他对年轻学者不太慷慨,不喜欢与他们交往,倾向于将全部时间投入自己的研究课题。在1826年10月24日寄给亦师亦友的贝恩特·米凯尔·霍尔姆伯(Berndt Michael Holmboe)的信中,阿贝尔并未表达多少对柯西的欣赏之意:

> 柯西疯了,根本不可能和他交流。但是,就目前而言,他是知道该怎么做数学的人。他的工作是杰出的,但不好读。一开始我基本不理解任何东西,但现在有些进展。柯西是个基督教老顽固。这在数学家身上真是难以置信!他是这边唯一做纯数学的人。泊松(Poisson)、傅里叶(Fourier)、安培(Ampère)等等只对磁学和其他物理领域感兴趣。

他在同一封信中写道:

> 我给法兰西学院写了一份关于一类特定超越函数的重要的研究纪要(mémoire)。报告会将安排在周一。我给柯西看了,但他只是瞥了一眼。不是我自负,但我确实可以说自己写得相当好。很想知道学院的意见会是怎样的。

## 第二章 醉心数学

图 7　奥古斯丁-路易·柯西(1789—1857)，极为高产的数学家，其定义使科学地处理无穷小分析成为可能

不幸的挪威数学新星来不及得到他望眼欲穿的回复意见就去世了。勒让德和柯西负责审阅其纪要。勒让德以笔迹难以辨认为由将事情推给了柯西。后者对一位不知名的外国年轻人的工作根本不感兴趣，把它带回了家，搁置于某处，就彻底抛在脑后了。

1828 年，阿贝尔写了一篇从一般化的观点出发处理解方程这一问题的文章。作为使数学家们忙碌了两百多年的问题,这是当时代数方向能引起相当兴趣的课题。直到 16 世纪三次和四次方程的求根公式才被找到。这些特别简单的公式是方程系数的四则运算和求根运算的有限次复合。受这些成果的激励,研究代数的学人们出发寻求五次方程的类似公式,以为这不会太难。经历了两个世纪的失败后,1799 年,意大利数学家保罗·鲁菲尼(Paolo Ruffini)发表了惊人的论文:高于四次的方程不存在一般根式解。阿贝尔在 1824 年提供了鲁菲尼定理的不同证明。不过,仍有许多公开问题,因为在特定情形下方程是根式可解的。于是阿贝尔在他 1828 年论文的研究提议中提出了:

1. 给定次数,找出所有代数可解的方程(意即根式可解);
2. 找出方程代数可解的充要条件。

阿贝尔不仅没有实践其野心勃勃的项目的时间,甚至没能发表 1828 年的论文。文章直到他过世十年后才付印。所以伽罗瓦开始研究相同问题的时候不可能知道阿贝尔的工作。

1829 年春无疑是伽罗瓦一生中最快乐的时期。汹涌而来的想法日渐清晰,他开始透过新概念看待代数方程的解。他已自豪地意识到这些概念对日后研究影响深远。他的研究不仅具有原创性,实际上注定在代数方向掀起革命,开辟了研究代数的新道路。他很清楚这一点,而其本人的热情可能仅次于里夏尔,后者现在说年轻的伽罗瓦配得上被综合理工免试录取。他理应被视为天才,能力超过日后在那里教他的师辈。伽罗瓦此时年仅十七。这段高产时期的成果是两篇纪要,里夏尔相信只能由法国最负盛名的科学实体——科学院来评判。

向科学院呈递纪要最简单的方式是将手稿寄给秘书办公室,在那里登记到名为 entrées 的书册上,随后被纳入 mises à l'étude。只有个别例外循着一条不同的路径:想办法私下向院士之一展示,后者至少可担保其科学价值,随后由该院士向其同事们进行一次报告。

## 第二章 醉心数学

里夏尔毫不怀疑这才是呈递伽罗瓦工作的正确方式。暂且抛开了其腼腆的个性,他试着接触他相信是最严格的但同时也最有能力的判断者——柯西。里夏尔想必鼓足了勇气,也是出于对伽罗瓦的关怀以及对他的学生不仅解决了最重大的代数问题、也发现了革命性的新方法的坚信。

柯西绝非平易近人,且对他人的工作素不关心。自1816年提名为院士以来,他一直报告自己的工作,只有一次例外。这就是为何1829年5月25日柯西报告伽罗瓦题为"代数研究"(Recherches algébriques)的纪要时震惊了科学院同僚。傅里叶,纳维耶(Navier)和柯西负责审读这份纪要并给出评判。一周后的6月1日,柯西简要报告了伽罗瓦题为"高次方程代数解的研究"(Recherches sur les équations algébriques de degré premier)的第二份手稿。这一次由西梅翁-德尼·泊松(Siméon-Denis Poisson)与报告人共同负责评判。被选出来负责此事的诸位出于对他们杰出同事的信任,允许柯西将两份纪要带回家中。

与此同时,伽罗瓦正要结束在公立高中的学习。里夏尔理所当然地给他评了头奖,并让他参加比赛(Concours général)。伽罗瓦解赛题的不同寻常的方法是从一般化的观点出发的,不是你预计从学校学生那儿能得到的东西。因此他没有斩获大奖,只评了第四。头奖评给了伽罗瓦的同班同学奥古斯特·布拉维(Auguste Bravais),他后来将伽罗瓦的基本思想应用于晶体学研究。

## 祸不单行

1827年的选举导致维莱勒(Villèle,部长理事会主席)下台,随后内务大臣(Minister of the Interior)让-巴蒂斯特·马蒂尼亚克(Jean-Baptiste Martignac)成为国王在上下两院的发言人。马蒂尼亚克在遏制神职人员的要求并颁布针对他们的法令方面成功获得了多数人的支持。法令之一禁止未获授权的宗教教团成员从事教学,这包括了耶稣会士。

# 伽罗瓦——智性与激情

图 8　尼古拉-加布里埃尔·伽罗瓦之墓,位于皇后镇

## 第二章 醉心数学

查理十世支持恢复神权，毫不掩饰对这些措施的不满及其个人对马蒂尼亚克的敌意。确信有国王撑腰，保皇派变得愈发大胆起来。这也体现在皇后镇——1829 年年初，一位年轻牧师被任命到这个教区，并很快和当地的极端保皇派形成了攻守同盟，尤其是与一名对像尼古拉-加布里埃尔·伽罗瓦这样的自由派主政当地感到不快的本地官员臭味相投。两人决定散布伪造出来的据称由其创作的不雅小诗，迫使其下台。

丑闻爆发，埃瓦里斯特的父亲被迫离开皇后镇，移居巴黎的让-德-博韦（Jean-de-Beauvais）街。不堪其辱，他于 7 月 2 日在家中自杀。

葬礼于巴黎的圣艾蒂安-杜-蒙（St. Etienne-du-Mont）教堂举行。尽管他是自杀身亡，那里的牧师还是同意接纳其尸体。送葬队伍从那边出发，行至皇后镇。抛开一撮极端保皇派的敌意不提，尼古拉-加布里埃尔·伽罗瓦是受欢迎的地方首长。远至巴涅（Bagneux）村的居民都前去迎接来自巴黎的灵柩，一些人把棺材一路扛到他们的教区教堂。新任牧师在那里主持葬前仪式，结果受到言语羞辱与飞石袭击，其中一枚正中前额。

此情此景发生在埃瓦里斯特眼前。他对近来夺去其父的仇恨活动深感震惊，悲伤不已。他当即明了，父亲坟前的政治狂热自此亦将伴随其身，使其灵魂不得安宁。

皇后镇全体居民捐款设立了一块纪念碑，墓志铭曰：

> 仿佛天使
> 遣至凡间
> 所行之处
> 扬善拂尘
> 哀人称父
> 其忧入墓

伽罗瓦——智性与激情

人皆哀怀

何言至亲

妻儿之痛

哀恸尤甚

何人告慰

孤苦伶仃

言尽于此

愿他安息

皇后镇镇公所正面有一块巨大的铭牌,纪念担任了15年地方首长的尼古拉-加布里埃尔·伽罗瓦,至今犹存。

纳塔莉-泰奥多尔,埃瓦里斯特其姐,最近刚成为尚特洛(Chantelot)夫人,不需要监护人。但是埃瓦里斯特和阿尔弗雷德需要有人负责。尼古拉-加布里埃尔·伽罗瓦悲剧性死亡后的十天,7月12日,全家聚起来选出了退休中校

图9　纪念地方首长尼古拉-加布里埃尔·伽罗瓦的铭牌,于皇后镇镇公所正面

## 第二章 醉心数学

泰奥多尔·米歇尔担任两名男孩的监护人,虽然无人能代替父亲在埃瓦里斯特心中的位置。

糟糕的1829年7月还未过去,又一桩事将痛苦之中的伽罗瓦打入深渊。参加综合理工入学考试的时候到了,这是他的第二次。不幸的是,正如二十年后被指出的,"智力出众的考生遇到智力低下的考官就会失败"。两名考官之一是迪内(Dinet),其仅有的名声便来自他在这场考试中判了伽罗瓦不合格。第二名考官勒费比尔·德·富尔西(Lefébure de Fourcy)是一些无聊课本的作者——没准还在某座图书馆里积灰呢。

这场面试在数学史上也成了某种传说。伽罗瓦被要求陈述对数理论。他没有照搬课本,受到两考官批评。一场激烈的讨论开始了。伽罗瓦确信自己是正确的,向两人之一怒掷板擦。毋庸赘言,他没被录取。由于考试只能参加两次,最大的梦想离他而去。

无法就读综合理工,伽罗瓦现在面对其教育何去何从的难题。父亲亡故后家庭的经济紧张更是雪上加霜。他需要资助。获得奖学金的办法之一是入读巴黎高师(时称"预科学校",Ecole Préparatoire)。

那里的课程是将学生培训成学校教师,为期两年。其前身(Ecole Normale)是大革命期间设立的,基于拉卡纳尔(Lakanal)的一个项目,负责培训教师,其教员队伍众星璀璨,包括拉格朗日、蒙日、贝纳丁·德·圣-皮埃尔(Bernadin de Saint-Pierre)、化学家贝托莱(Berthollet)等一流学者。1822年关停后由绅士德尼-吕克·弗雷西努斯(Denis-Luc Frayssinous)提议,预科学校取而代之,以普莱西大学(Collège de Plessis)为校址,毗邻朗格勒酒店。首任校长阿尔芒·马拉斯特(Armand Marrast)很快由约瑟夫-丹尼尔·吉尼奥(Joseph-Daniel Guigniault)接替,后者是一名希腊文专家,更能为正统派所接受。正统派的影响很快在该机构的办学上留下自己的印记。学生也是尽可能地基于其政治观点挑选出来。

虽然名义上是世俗的,但预科学校强制要求学生遵循一系列宗教习俗。一天从晨会祈祷开始,午间进餐亦要祈祷。傍晚强制阅读正能量的篇章,忏悔每月至少一次。连续两个月不去忏悔室足以被革除学籍。

可以想象,伽罗瓦对入读预科学校没有丝毫热情。但是他别无选择。虽然递交参加其入学考试申请的期限已过,他还是得以参加——再次有赖于善良的里夏尔的帮助。

8月12日,巴黎学院秘书鲁塞尔(Rousselle)向预科学校的秘书转交了埃瓦里斯特·伽罗瓦的来信。信中称来自科学家的鼓励及其自身意愿促使其走上教师的道路。因此,虽然程序上不合规,他还是被允许参加8月20日及25日的入学笔试。主考的是数学家夏尔-安托万-弗朗索瓦·勒鲁瓦(Charles-Antoine-François Leroy)、物理学家让-克洛德-欧仁·佩克莱(Jean-Claude-Eugène Péclet)和督学德·库维尔(de Courville)。伽罗瓦在5名考生中排名第二。

尽管如此,到了8月31日,伽罗瓦仍未下定决心,深陷悲观情绪。在致安托万·德芒特(Antoine Demante,其母的兄弟)的一封信中,他写道:

图10　从圣雅克街俯瞰巴黎高师与公立路易大帝中学

## 第二章 醉心数学

日复一日，我对自己的生涯犹疑不决。令我悲哀的是当断不断更有可能减少，而非增加我的选项。犹豫与担忧绝非欣快的处境，然而就我所处的境地，本就难言欣快。

然而，正式入学预科学校要求取得文科或理科文凭（baccalaureate）之一，并参加口试。伽罗瓦对数学之外的科目半点兴趣都欠奉，这使他很难参加考试（以获得文凭）。他先尝试了12月9日的文科文凭，失败了。仅一周后，由勒克莱尔（Leclerc），巴尔比耶·杜·博卡热（Barbié du Bocage），维克托·库赞（Victor Cousin）和蒂尔拉耶组成的考务组决定接受他的书面答辩——实际上相当差。12月29日，弗朗库尔（Francœur），阿谢特（Hachette）和富尔西授予他理科文凭。

至于口试，伽罗瓦被准予入读预科学校完全归功于数学口试的良好成绩。勒鲁瓦的意见总体来说是正面的，虽然他只打了8分（满分10分）：

该候选学员的意思表达有含糊之处，但本人聪慧，长于研究。他使我对应用分析有了新认识。

物理口试成绩则是如此之差，以至于佩克莱在报告中写道：

他是唯一回答不佳的候选学员。他什么都不懂。我被告知他擅长数学。这令我极为惊讶，因为，就口试表现来判断，他不是很聪明，或许他的才智隐藏得如此之深以至于我不能发现。如果他当真就只是表现出来的那个样子，我非常怀疑他能否成为优秀的教师。

尽管如此，伽罗瓦还是被录取了。1830年2月20日，他签下了在国家教育系统服务十年的誓约。

## 辛年肇始

焦急等待着科学院对去年春天呈递的纪要的审读结果，伽罗瓦很可能是不情愿地忍耐着这些考试。结果仍然没有到来。柯西将手稿带回了家，在1830年1月18日写信为那天的缺席请假前一直没有再提及。他声称他本打算在那天报告伽罗瓦的工作，因此请会议主席将报告安排在下一次讨论的日程上。次周他出席了，却忘记了之前写的话，报告了自己的研究工作。

自此柯西就再未提及伽罗瓦。后者徒然等待着柯西的判断，也从未得以取回手稿。仅仅六个月前，1829年6月22日，勒让德向科学院宣布阿贝尔去世后，柯西决定准备就阿贝尔呈递的纪要作一次报告——三年来一直躺在他的文案中。此举也许是出于对自己的忽视的悔意，但更有可能是因为挪威议会的请求。

伽罗瓦的态度在新学校也没有改变。他依然只学数学，并且是以他自己的方式，甚至毫不掩饰他对教员的蔑视以及对其余科目兴趣寥寥。

对柯西的沉默失望后，他决定再次尝试引起科学院对其研究的兴趣。6月2日，科学院宣布了一项大奖，拟颁发给一篇包含数学理论于一般物理学或天文学最突出的应用或包含**一项重大分析发现**（an important analytical discovery）的论文，已经出版的亦或手稿皆可。不过直到1830年1月才组建评委会，由拉克鲁瓦、泊松、勒让德和普安索组成。交稿截止时间为3月1日。

天赐良机，不容错过。伽罗瓦重写了他的文章，也许相对于之前的版本作了些许修改，使之成了最后一篇交到科学院秘书处的参评文章。熟悉数学的读者应该认得他的对手们的大名：雅可比（Jacobi）、利布里（Libri）、彭赛列（Poncelet）、斯图谟（Sturm）、拉梅（Lamé）、刘维尔（Liouville）、普拉纳（Plana）、狄利克雷（Dirichlet）。这并没有镇住伽罗瓦，他坚信自己研究的原创性及重要性。根据规定，评委会也可以将1828年1月1日至1830年1月1日间出版但其作者并未正式申请参评的文章纳入考量——因此亦可包括如今鼎鼎大名的阿贝尔——这也没有吓倒他。

看来霉运决意继续折磨伽罗瓦。傅里叶实无任何正当理由地将伽罗瓦的手稿带回了家，并于几周后的5月16日去世。伽罗瓦的文章从未被找到，因而干脆利落地失去了评奖机会。没人费心通知他。

尽管如此,在这个阶段还是得还原被某些传记作者〔尤其是贝尔(E. T. Bell)先生〕创造出来的完全不被理解的传奇伽罗瓦。实际上,在1830年春,他乐于见到自己的3个短篇在享有盛誉的《费吕萨克简报》(*Bulletin de Férussac*)发表了,后者通常只发表成名科学家的工作。在四月号上,一篇简短但绝非初等的关于方程代数解的文章发表了。这一期包含7篇文章,除伽罗瓦外,作者有热尔戈纳、夏斯莱、雅可比、泊松、利布里和伟大的柯西。另两篇短文章,一篇是关于数值方程的解,一篇是数论,发表于六月刊,与柯西、夏斯莱和泊松并列。

性格叛逆又明了自身智识上的优越,伽罗瓦在路易大帝中学无法和同学交朋友。而在预科学校,他确实结交了一名二年级学生奥古斯特·舍瓦利耶(Auguste Chevalier)。奥古斯特及其当时在综合理工就读,日后成为著名经济学家的兄弟米歇尔(Michel)极大地影响了伽罗瓦,后者对政治的兴趣正是由新朋友之间热烈的长谈而起。彼时的舍瓦利耶两兄弟是空想社会主义(Saint-Simonianism)的追随者——源自圣西门伯爵克洛德-亨利·德·鲁弗鲁瓦(Claude-Henri de Rouvroy)的乌托邦理论。

圣西门生于1760年,是18世纪末19世纪初最有意思的人物之一。年仅15岁时他就远渡重洋至美洲,在法国所遣的支持反英叛乱的部队中奋勇作战。他对改革的热诚看起来发端于这一时期。在法国大革命期间,他毅然抛弃贵族头衔,改名"公民博诺姆(Bonhomme)"。他相信进步的必要条件是消灭贫困与无知。而这可以通过将基督教信仰转变为一种世俗的宗教并赋灵于科学家而非牧师们来达成。1826年去世时,最忠实的追随者们为更广泛地传播其教诲而设立了一个组织。1826年至1829年间他们在综合理工寻获了大批拥趸。起初,组织的会面在著名数学家、政治家拉扎尔·卡诺(Lazare Carnot)的两个儿子伊波利特·卡诺(Hippolyte Carnot)和萨迪·卡诺(Sadi Carnot,知名物理学家)的巴黎公寓举行。第一批举措包括创办报刊

图11 从综合理工望向圣热内维埃夫山(Montagne Ste Geneviève)。远处可见圣-艾蒂安-杜-蒙(St-Etienne-du-Mont)教堂和万神庙(the Panthéon)。

《生产者》(Le Producteur)——仅维持了一年就停办了。刊文最多的作者之一是哲学家孔德(Comte)。

不过,最有名的空想社会主义报纸是《环球》(Le Globe),由皮埃尔·勒鲁(Pierre Leroux)于1824年创办,早期由勒鲁本人及伊波利特·卡诺编辑。正是在1832年2月的《环球》上,"社会主义(socialism)"一词首度出现。

很快,空想社会主义在普罗斯珀·昂方坦(Prosper Enfantin)的指导下像宗教教派一样发展,昂方坦被恰如其分地尊为其父(père)。1830年后,该派成员在《圣西门教义选集》(Exposition de la doctrine de Saint-Simon)中首呈宗旨,基于两个要点:公有制,以及废除社会不平等。陈述如下:

> 此处主张不再由征服和出身所决定的新的权利:人不再剥削人,而是与其他人联合起来剥削其力所及的自然……我们得出结论:在[人类的]未来,所有力量付诸于和平之目的。

圣西门的主张很快被追随者们大大扩展，他们同样热心于妇女解放、精神病患权利以及罪犯人权。不过，教义随着发展可观地改变了。

我未能发掘伽罗瓦究竟在何种程度上接受了空想社会主义。明确的是，舍瓦利耶两兄弟显著影响了他对政治的兴趣，甚至使得他忽视自己的数学。1830 年 6 月 22 日，伽罗瓦参加了在预科学校的一年级考试。科目是微积分。考务组由柯西、阿谢特和富尔西组成。伽罗瓦虽然通过了考试，但得分仅为 8 分，与同级的波莱（Pollet）相同，在八人中仅排第四。两人都被皮纳尔（Pinard）和拉萨赛涅（Lassassaigne）打败——分别得分 10 分与 9 分。

# 第三章
# "光辉三日"

**查理十世的条令**

马蒂尼亚克下台是因为他试图让法国变成稍微更民主些的国家：废除特定地方议会的成员的政府任命权，改为由选举产生，即使选民群体高度受限。他的议程被左派右派同时攻击，而这种普遍的不满正中国王下怀——几个正统派势力正致力于产生一届完全符合国王意愿的内阁。

1829年8月8日，由极端保皇派构成的新政府上台。朱尔·德·波利尼亚克（Jules de Polignac）王子之前是流亡贵族的一员（émigré），也是圣会的积极分子，被选为内阁首席（President of the Council of Ministers）。白色恐怖的追随者们的领导者之一德·拉·布尔东奈（De La Bourdonnaie）伯爵成了内务大臣。滑铁卢前夜背叛拿破仑的布尔蒙（Bourmont）将军则担任国防大臣（Minister of War）。

反对波旁的势力迅速组建了两个新政党，一个是共和派政党，一个属于奥尔良派（Orleanist）。前者主要由年轻工人和学生组成，尊戈德弗鲁瓦·卡韦尼亚克（Godefroy Cavaignac）、加尼耶-帕热斯（Garnier-Pagès）和伊波利特·卡诺为领袖并以报纸《论坛报》（*La Tribune*）作宣传。后者由银行家拉菲特

(Lafitte)领导,希望将年轻的奥尔良公爵路易-菲利普(Louis-Philippe)捧上王位。他是菲利普·埃加利泰(Philippe Egalité)之子,参加过大革命期间其父支持的瓦尔米(Valmy)和热马普(Jemappes)的战役。记者梯也尔(Thiers),亦即广为流传的《法国大革命史》(*Histoire de la Révolution française*)之作者,是奥尔良派的主要支持者之一。1830年1月,他创办了报纸《国家》(*Le National*),以为政党喉舌。

新政府等到1830年3月才召集议会,之前闲置了7个月。国王在议会开幕典礼上的讲话含蓄地威胁发动政变(coup d'état)。而代表们支持宪法,投出了相反的结果,票数是221票对182票。查理十世解散议会,7月初重新举行了大选。结果是:反对派斩获274席,政府的支持者只得了143席。尽管如此,国王拒绝接受选民意志,基于对宪法第14条的极为个人的解读——赋予他颁布"对确保法律之强制性和国家安全而言必要的条令"的权力——颁布了4项条令,实质上无异于发动政变。第一项法令事关媒体自由,陈述如下:

> 媒体自由暂停……是故任何周期性或半周期性出版的报纸或小册子,无论已存在或是计划出版,无论所涉内容为何,若无由作者和印刷商单独自我等取得之授权,均不得出现于巴黎或各司。
>
> 此授权必须每3个月进行一次续展。
>
> 此授权可被收回。

第二项法令的第一条旨在解散下议院,从而使选举结果化为乌有。

第三项法令包含如下内容:

> 选民及候选人之财产资格仅含选民或候选人作为所有人或终身承租人于财产税或个人税登记册中亲自登记之金额。

于是颁布了一部新的选举法,包含30条具体条款。

最后一项法令设定了新选举的日期:9月6日召集地方选举团,9月18日召集各司选举团。

伽罗瓦——智性与激情

图 12　年轻的奥尔良公爵

## 第三章 "光辉三日"

1830 年 7 月 26 日晨的《箴言报》(Le Moniteur)为发布国王的各项条令,上午 9 点至 10 点间才面世,迟于平日是因为要付印的文本的复杂性与重要性。该期亦包括掌玺大臣(Keeper of the Seals)尚特洛兹(Chantelauze)的一份报告以及警监芒然(Mangin)的一项政令,后者如下:

> 凡阅览室、咖啡馆等之所有者,允许公众阅读违反本月 26 日关于媒体之条令的报纸或其他印制品的,将被作为所述印制品可能被指控犯有罪行之共犯起诉,其场所将被暂时封停。

### 巴黎暴动

违抗了芒然的政令,四家报纸《国家》《环球》《时代》(Le Temps)和《商业杂志》(Le Journal de Commerce)无皇家授权便出现于 7 月 27 日晨。它们均在头版刊载了前夜梯也尔所撰的一篇抗议文章,44 名记者代表全法的新闻社进行了联署。文章号召人民起义:

> ……政府已违背法治。我等没有义务遵从……政府今天已失去要求服从的合法性。我们将就一切关切抵抗到底。只有法兰西才能作出抵抗至何地步的决断。

《国家》和《环球》列出了签名。另两家报纸更为谨慎,只提及人数。此外,夏尔-弗朗索瓦·雷米萨(Charles-François Rémusat)在《环球》专栏向市民发出呼吁:

> 罪行已然犯下。大臣们自国王处获得了形同暴政的法令。我们只会屈服于暴力。以我辈全力,唤起对波利尼亚克之仇恨……法令无效。我们无畏地将法律所允自由之捍卫托付给此世最富勇气之国家。

《法兰西公报》(La Gazette de France)、《每日邮报》(La Quotidienne)和

《宇宙》(L'Universal)则在得到皇家授权后出版。其他巴黎报纸出于谨慎,选择压根不出现。清晨,反叛的报纸特别是《国家》和《时代》被免费分发。

不断壮大的人群开始填满巴黎街头。议论四起,并有"宪章万岁"的呼喊。上午11点,两名警局高官带领着一众士兵到访《国家》于新圣马克(Neuve-Saint-Marc)街的办公室。他们携有没收该报所有拷贝的命令。不幸的是他们无物可没收,因为7 000份报纸已全部送完。警方既愤怒又沮丧,转而砸毁印刷设备。在《商业杂志》那倒是没有遇到困难。而在《环球》那则是无人出现——编辑雷米萨正迫切等待着上演现场抗争的机会呢。

第一场严重骚乱发生于王宫之前。长官命令本地警局将人群从花园驱走,关上大门。人群于是转向广场和邻街,但并未散去。区域内的商店急忙关门。很快听到了第一声警告枪响。不过并没有特别的事发生,直到下午。一群巴黎工人进入一块正在拆除的地区,靠近内穆尔(Nemours)画廊,正对丽晶(Regense)咖啡馆,爬上一处石堆,开始向宪兵投掷。后者仍设法清空了王宫区域。而飞石是较之前更频繁了。

下午3点出现了第一批死亡。一位名为福克斯(Fox)的英国人从皇家酒店(Hôtel Royal)的阳台上向圣奥诺雷(Saint-Honoré)街和金字塔(des Pyramides)街角开火。紧张的部队予以回击,虽然并未收到开火的命令。英国人及其两名仆人被杀。激烈的枪击自那一刻起开始造成了更多伤亡。人群开始恐慌。尽管最初仅限于王宫四周的窄巷、黎塞留街、瓦卢瓦(Valois)街、弗罗芒托(Fromenteau)街、沙特尔(Chartres)街,骚乱很快向巴黎各处蔓延。当一名男子将一具女孩的尸首置于路易十四雕像脚下时——一枚子弹正中她的前额——其"复仇,复仇!"的呐喊口口相传,随后响彻全城。

皇家护卫不久就被部署到各权力要地。七连携6门大炮前去安顿路易十五,一连携两门大炮及50名长矛手保卫位于卡皮西纳(Capucines)大道的外交部。三连携4门大炮与精锐宪兵赴卡鲁塞尔(Carousel)。由马尔蒙(Marmont)元帅指挥的军队对阵人民:第15轻炮兵在新桥(Pont Neuf),五连在旺多姆

(Vendôme)广场,第53连在普瓦索尼埃(Poissonière)大道和圣丹尼斯(Saint-Denis),第50和第1胸甲骑兵连守卫巴士底狱。

人群现在需要武装,开始劫掠火器店。第一道路障设置在圣奥诺雷街、黎塞留街与罗昂(Rohan)街路口,由3辆倾覆的马车组成。起义的消息很快传到左岸,15连的两队被遣去控制拉丁区的学生。综合理工也在发酵——沙拉(Charras),5个月前因在宴会上唱《马赛曲》而被开除,确保了昔日同学都收到了载有记者抗议声明的报纸。比雷(Biret)主任(director of studies)禁止学生集会,但他们还是聚集在台球室。很快就做出了驰援叛乱的决定。由洛东(Lothon)、贝特兰(Berthelin)、潘松尼耶(Pinsonnier)和图尔诺(Tourneaux)组成的小组作为先遣外出探索。天黑后4名学生翻越外墙,跑到沙拉位于圣殿福斯(des Fossés-du-Temple)街的家中。与此同时,校内学生破开击剑室的门,取走了所有可用的细剑,开始在走廊的瓷砖上磨快它们。

《国家》的印刷机恢复工作时,他们与《环球》的同僚达成一致,继续出版某种形式的报纸。傍晚,路易-奥古斯特·布朗基(Louis-Auguste Blanqui)撰文呼吁人民:

> 巴黎市民们!
>
> 查理十世撕毁宪章,颠覆法律,泯灭自由。我们没有媒体!我们没有报纸!没有书!下议院不见了!古代政权回来了,而法兰西,她被绑着手脚送给了贵族和牧师们。
>
> 武装起来,市民们!武装起来,保卫我们的国家,我们的荣耀,我们的存在本身!难道我们能让自己成为耶稣会士皮鞭下的奴隶?不,不!我们宁愿去死!
>
> 但是人民不会死去。是那些试图奴役他们的人会死!起来!起来!让我们歼灭这些邪恶!愿复仇如雷霆,落在他们的政变上。

紧随其后的是7篇响应武装起义以捍卫国家和自由的文章,作者的年龄自 16 岁至 50 岁不等。

次日拂晓时分,综合理工的 4 名学生,继在沙拉家过夜之后,决定叫上他们的数学教师马尔特莱(Martelet)——他们明了其政治观点,确定会受到款待。希望的是在后者家中换上日常衣物,随后返回学校发出信号。其他人也在会面,以决定策略。共和派在小雅可比尼埃(La Petite Jacobinière)书店,听从卡韦尼亚克指挥。波拿巴主义者前日已在古尔戈(Gourgaud)将军家会面,此刻聚集在小神父广场(Place des Petits-Pères)。

仍然需要武器。在圣马丁(Saint-Martin)街的一家刀具店找到了刀剑,两千有余。虽不如枪,但对自由事业还是有用的!

夜里《国家》和《环球》的办公室继续工作。两份报纸都刊登了公告——从街头到大道边的树干,四处张贴。4 名学生发出信号后,所有同伴离校,身佩细剑,多数人骄傲地穿着学校的全身制服。其歌词很快回响在通往圣热内维埃夫山的道路周边:

> 学院青年万岁!
> 巴黎受困之时,
> 唯有一个派别。
> 在这里,如今日。
>
>
> 我同胞,且听之:
> 理工人,有勇气!
> 不畏险,求自由。
> 法国人,要复仇。

人们很快加入"综合理工万岁!""宪章万岁!""自由万岁!"的呼声。

一队从圣马尔索(Saint-Marceau)郊区来的工人开始跟随学生们。一名学生扯下他双角帽上的白玫瑰结扔在地上,踩在上面高呼"打倒波旁!"。同伴纷纷效仿,亦高呼"打倒波旁!"。

歌声与呼喊在圣雅克(Saint-Jacques)街也能听到。伽罗瓦和他的同学被迫绝望地在窗户栅栏之后跟进事态发展。清晨5点半校长吉尼奥召集学生,下令不得离开楼栋。他提醒他们,所签的为国家服务10年的誓约已然使他们成为公仆。他说他们应当谨慎,因为与不得不在自由与对国王的效忠誓言间选边站的士兵们不同,他们是有特权的。

伽罗瓦对这番言辞强烈不满,与其同学贝纳尔(Bénard)一道,决定不服从。他的义务是冲向路障。吉尼奥的回应是坚决的:如有必要,他将叫来部

图13　1830年,着制服的综合理工学生

队,以阻止学生与街头反叛的人群混到一起。眼下,他姑且满足于封死所有通向街道的门。伽罗瓦如今又有一重理由羡慕综合理工的学生了。

与此同时,人群涌向市政厅。他们推挤大门,很快破门而入。巴黎人民接管了权力中心之一,使之再度成为自由与人民主权的象征。

波旁的白色旗帜很快被扯下,扔向楼下的广场,随后被踩踏并撕成碎片。集资在犹太(Juiverie)街购买了两面三色旗,一面是为市政厅,另一面供圣母院。大约上午 11 点,两面旗帜飞舞其上。人们欢呼呐喊,喜极而泣。突然,旅社医院(Hôtel Dieu Hospital)的医学生伊波利特·达尼尔(Hippolyte Daniel)离开岗位,穿过广场,跑去鸣响了圣母院大钟。圣塞弗兰(Saint-Séverin)教堂的钟声几乎立即响起以示回应,不久之后巴黎所有教堂的钟声亦随之响起。这听起来像是信号。奇迹般地,巴黎街头遍布三色旗,《马赛曲》的歌声四处回荡。至此,巴黎人民觉得已充分显示了他们的力量,决定派出一名代表,即天文学家弗朗索瓦·阿拉戈(François Arago),前往杜伊勒里宫,意图说服马尔蒙放弃城市去圣克卢(Saint-Cloud)见国王。他可能撤回条令。由于担心被看见他进入王宫的人们视作人民的叛徒,阿拉戈带上了他年幼的儿子。"一位父亲,"他说,"不会教儿子叛国之事。"到了杜伊勒里宫,他立即被随从们充满威胁地包围起来。这名科学家在这样的日子里到此何干?劝说他们带他去见指挥官就很难。其努力是徒劳的。马尔蒙拒绝听从。军人怎么能在用石头和棍棒武装起来的平民面前逃跑?战斗持续了一整日。

傍晚时分,伽罗瓦决定行动。被迫置身事外于他而言意味着痛苦和羞辱。他试着不被发现地进入庭院,数次攀爬朝向圣伯努瓦(Saint-Benoit)墓地街的外墙。擦伤了双手及膝盖,但屡战屡败。在巴黎人民创造历史之际,他是无用的犯人!然而此举是其第一次政治行为。

7 月 29 日拂晓,六千路障阻断巴黎街头。一切可用的都被拉来当作材料:桌子,橱柜,床榻,树桩,梯子。各种家居陈设一齐上阵。

第三章 "光 辉 三 日"

图14 天文学家弗朗索瓦·阿拉戈(1786—1853),撰有多篇科学论文,并著有一部面向普通读者的天文学导论。亦活跃于政治领域,对法属殖民地废除奴隶制有重大贡献。

同前几日一样，天气很快会变得炎热，这意味着得把尸体运走。计划大抵是将其运至塞纳河畔，在那里装船，送到战神广场(Champs de Mars)和格勒内勒(Grenelle)湖。由于陆路运输被阻，给养是步行运送的。

大量士兵卸下制服加入了民众。拉丁区由综合理工学生主事，沙拉换回了校服位列其中。持续不断的逃兵状况迫使马蒂诺(Martinot)将军[①]及其部队离开巴黎。日中时分，叛军已主掌首都。革命的代价是国王军方面的2 000例死亡及为自由事业捐躯的1 800名巴黎市民。

## 又一位国王！

巴黎市民借由路障与国王部队作战的那三天通常称为"光辉三日"，其赢家主要是波拿巴主义者和共和派。然而在1830年的7月，共和政体仍然不可想象，因为共和派还没有良好的组织，并无足够的政治凝聚力来施加其观点。

马尔蒙及其部队离城后，银行家拉菲特和卡西米尔·佩里耶(Casimir Perier)接管了局面。他们说服了拉斐德，让他接过国民警卫队的指挥棒。

查理十世被孤立在圣克卢，不能重掌权力，无法向人民作必要的让步。

7月30日晨在法国历史上具有决定性意义，也深深影响了伽罗瓦的人生轨迹。巴黎墙头覆满了梯也尔所写、《国家》出版的宣言，将奥尔良公爵作为新国王人选推上舞台：

> 查理十世已不能重返巴黎。他的双手沾上了人民的鲜血。而建立共和国将带来危险的分裂，使我们在欧洲面临困难的境遇。
>
> 奥尔良公爵是一位致力于大革命事业的王子。奥尔良公爵从未与我们交戈。奥尔良公爵曾在热马普奋战。奥尔良公爵是一位平民国王……奥尔良公爵正默不作声。他在等我们表达意愿。那就让我们表达我等意愿，而他将接受宪章，正如我们所期望。他将戴上法国人民的冠冕。

---

[①] 原文如此。——译注

## 第三章 "光 辉 三 日"

在所有的巴黎街道都能读到这些。而在任何报纸上,读者们会看到:预科学校的校长吉尼奥向临时政府献上师范生们的十年服务。此等虚伪令伽罗瓦反胃。在危急时刻拒绝支持街头民众,也禁止学生前去,现在倒从路障间捐躯的英烈身上捞取资本!伽罗瓦对自己发誓,他将揭下这已如怯懦与投机之化身的男人的面具。

7月30日夜,在兰西(Raincy)避难的奥尔良公爵入巴黎城,并于次日晨接受了由一个下议院代表团授予的临时摄政权。31日下午在市政厅,他接受了人民的授职。巴黎人民目睹了公爵与拉斐德充满深情的会面并为之欢呼。

8月9日的加冕以新的更简约的仪礼进行。新王冠以路易-菲利普一世(Louis-Philippe I),"法国之王"的头衔。8月28日检阅了国民警卫队,国王向拉斐德授新的三色旗。旗帜饰有银色流苏,上书:自由,平等,秩序,1830年7月27,28,29三日(Liberté, égalité, ordre public, 27, 28, 29 juillet 1830)。于是共和的胜利演变成苦涩的失败。不过,正如卡韦尼亚克所说:"我们只是让步,因为我们还太弱小。"

为保全他的孙子即贝里(de Berry)公爵遗孀所生的波尔多(de Bordeaux)公爵而退位后,查理十世流亡海外,先是在英格兰的拉尔沃思(Lullworth),后转往爱丁堡的霍利鲁德宫(Holyrood House)。柯西也离开了法国,以示忠于波旁。他本可改变埃瓦里斯特·伽罗瓦的命运。科学不会宽恕他的无视。

伽罗瓦回皇后镇度过了1830年的暑假。这是他最后一次与家人较长时间地共处。到那年秋天之后,他和家人见面就越来越少了。母亲和兄弟姐妹都注意到了他的变化。曾经的害羞腼腆变成了大胆坚决。家人为其暴烈的讲话所震惊——人民的权利,七月革命者所受的背叛,以及为何巴黎需要第二场起义,越快越好。他声称他已准备好去战斗,甚至为共和事业献身。他会骄傲地重复:"要是我确信一具躯体足以刺激人们革命,我会奉献自己。"

伽罗瓦——智性与激情

图15　青年时代的拉斐德将军

## 第三章 "光辉三日"

图16　1830年7月30日奥尔良公爵入巴黎城

十月初,他回到巴黎继续第二年的学习——8月6日,学校已恢复巴黎高师(Ecole Normale)之名。他与舍瓦利耶两兄弟尤其是奥古斯特的友谊得到了巩固,不过他也找到了年轻的共和派。他感到与其有某种理念上的亲近。这些学生包括布朗基,弗朗索瓦-樊尚·拉斯帕伊(François-Vincent Raspail)和拿破仑-艾梅·勒邦(Napoléon-Aimé Lebon)。伽罗瓦的新朋友们正着手进行将使他们成为19世纪最著名的法国人之事。

布朗基主义——一种旨在建立没收富人财产并实现完全平等的无产阶级专政的社会主义理论——仍有待阐述。布朗基此时年仅27,是《环球》的一名记者,左翼雅各宾派,坚持巴贝夫(Babeuf)主张人人平等的传统。

拉斯帕伊年长十岁,将他的时间平分给政治活动与自然科学。德国学者已认可其关于草的分类的工作具有重要性。在关键的1830年,他发表了一篇有趣的论文,题为"显微化学于生理学的应用"(Essai de Chimie microscopique appliqué à la physiologie)。

怀着不只是在思想上支持共和事业的愿望，伽罗瓦、布朗基、拉斯帕伊以及勒邦加入了当年成立的人民之友协会（Société des Amis du Peuple）。它由共和派中最活跃、最激进的成员组成。并非一开始就是秘密组织——其成员反对允许当局禁止超过20人集会的刑法第291条。成为成员也无秘密可言，只要宣誓爱国，或者原本就认识，便得接纳。爱国也不一定意味着就是共和派，虽然大多数成员都参与谋划一场共和革命。领导者们尤其急于吸引有影响力或有才华的人士，借其名号或作品以利宣传。爱国者们热切进行着起义的准备，等待时机到来。第一个指挥部是佩尔蒂埃（Peltier）骑术学校，位于蒙马特（Montmartre）街，由让-路易·于贝尔（Jean-Louis Hubert）主持事务。集会是公开进行的，通过报纸广告和街头告示进行宣告。集会时为规避第291条，20人围坐中央，而其他人扮作观众落座其外。

人民之友也有自己的报纸，发行不多，但利用一种不同寻常的手段扩大宣传：标题故意设得极长，使得卖报人最终都喊出了各篇文章的大部分内容。

官方媒体将人民之友成员描绘为——于公民个人安全而言——特别危险的人士，因为据称他们为偿所愿不惜任何暴力手段。遵纪守法的公民相当害怕。其知名成员路过时店主们赶紧拉下百叶帘，这样的事也屡见不鲜。伽罗瓦加入之际（也许在11月中旬）正值人民之友进入新阶段——伴随着路易-菲利普治下的第一场政治试炼。

九月底，成员们决定挑起事关七月革命前选出而新王也已确认的议会之合法性的公众辩论。路障边的三日记忆犹新，巴黎民众的讨论热烈得不可开交。最终决定，代表的任期应视为已臻结束，人民有权期待新的选举。

经佩尔蒂埃骑术学校在场成员同意，准备全巴黎张贴的告示被送往印刷商达维德（David）。然而，手写稿被警方没收，于贝尔及达维德被逮捕。

两人的审判结果是于贝尔入狱3个月，印刷商无罪。法庭下令取缔人民之友。自此协会被迫成为秘密组织。拉斯帕伊成为新主席，指挥部迁至圣奥诺雷格勒内勒街。集会不再公开，入会条件也变得更为严格。

协会远未失能。宣传进一步强化，还在国民警卫队炮兵名义的掩护下设立了武装组织。4 个炮队中，二队由吉纳尔（Guinard）和卡韦尼亚克指挥，三队由巴斯蒂德（Bastide）和托马斯（Thomas）指挥，这几位都是有影响力的协会成员，两个炮队都由共和派组成。

国民警卫队是 1789 年 7 月 14 日后自发组建的，被制宪会议定为正式组织。它是非常特殊的军事组织，与其余法国军队颇为不同。它有自己的制服、旗帜、军乐、号角花彩（fanfare），但最关键的是常规军纪的缺位。

## 告别师途

路易-菲利普治下的头几个月见证了两面派的崛起。他们以高超的能力成功利用了政治变革。其中之一是哲学家维克托·库赞。他在 7 月 28 日对布朗基说："先生，你们的颜色或许是三色，但那永远不会成为我的颜色。法兰西的旗帜是一面白旗！"在波旁时期，库赞频繁地提议废除皇家公共教育委员会，如今他自己成了其中一员。他亦负责公立高中的哲学教育，同时监督巴黎高师所行标准的维护。

并非只有像伽罗瓦这样亢奋的年轻人为之震惊，更温和的声音也是如此。巴黎高师时任教师欧仁·比尔努夫（Eugène Burnouf）10 月 16 日致东方学者尤利乌斯·莫尔（Julius Mohl）的一封信中写道：

> 我们受这样的政府人士管理：谈论着法律与秩序、危险的乌托邦、煽动者……滔滔不绝。随后，聪明地接下极端保皇派们留出的职务空位，再悄无声息地拼回查理十世治下的条款……
>
> 不过在诸事间，倒是不必为我们的朋友库赞的命运流泪：他在皇家委员会稳稳当当……

在好友库赞的荫护下，吉尼奥根据"好学生不关心政治"的基本原则重组

## 伽罗瓦——智性与激情

了巴黎高师。伽罗瓦——不仅不掩饰其共和理念,还在同学间积极阐述政党纲领——很快发现自己陷入了与校长的冲突。为了自己的学生中没有这样的刺头,后者千金不吝。

伽罗瓦向来令吉尼奥不快。伽罗瓦曾询问学生能否像综合理工学生那样着制服,后者拒绝了。没过几天,伽罗瓦又问学生能否武装以事军训。吉尼奥认为这一请求简直荒唐。

伽罗瓦还批评课程的组织——校长调整过学制,把之前两年的授课变成了三年。他在同学间遭到孤立,他们害怕与之为友会招致校方怀疑。而在校长以无期禁足令惩戒他之后,孤立更甚。

彼时有两份报纸是面向学生受众的,即《高中》(*Le Lycée*)和《学校公报》(*La Gazette des Ecoles*)。它们持不同政见,经常毫不掩饰地互相攻击。《高中》的12月2日刊登载了吉尼奥攻击路易大帝中学教师吉亚尔(Guillard)的一封信,后者也为《学校公报》工作。三天后回应来了,《公报》就吉尼奥如何步步高升发表了一篇社论:

> 与其像懦夫一样指摘说吉尼奥先生聪明地利用了吉本(Gibbon)先生——预科学校的校长——的病情以取而代之,我们不如只是对其野心和手腕含糊其辞。与其说吉尼奥先生……使了心机以成为校董,进而升任总督学(general inspector)……与其"假设"说,倘若事情幸运地回归老路,那么他乐意安于巴黎高师首席顾问(chief adviser)的头衔,我们宁愿只是批评总体来说过快的升迁……与其说,他不满足于此,伸出手脚来获得一生中所有那些小小好处,牺牲他人作为代价……我们宁可保持沉默,因为沉默是更有礼貌的。

文章为争议添上新柴,以此结尾:

> 没有比附上刚收到的信函更好的结语了。

所附的匿名信署名"巴黎高师的一名学生",日期写着12月3日:

第三章 "光 辉 三 日"

图 17　着国民警卫队制服的戈德弗鲁瓦·卡韦尼亚克

吉尼奥先生昨日就贵报所载文章在《高中》上发文，似乎颇显不合时宜。想必诸位有兴趣揭下其面具。

如下是46名学生可为之作证的事实。7月28日，鉴于许多学生有加入起义的意愿，吉尼奥先生——两次——对他们说，他会叫来警方维持秩序。7月28日的警方！

当日，他同样文绉绉地对我们说："许多勇敢之人失去了生命，两边同然。倘若士兵，吾亦难决断。孰当牺牲，自由亦或法统（legitimacy）？"

这就是那位次日在帽上贴了三色花结的先生。这便是我们坚定的自由主义人士！

我还想告知诸位：巴黎高师的学生，出于高贵的爱国精神，新近禀告吉尼奥先生，将向教育部请愿，申请武装并志愿参加军训，以在必要之时保卫脚下的土地。

吉尼奥先生的答复正如其7月28日的言辞，开明如斯：

"我收到的请求会让我们看起来显得荒唐。这是对高级机构所作所为的模仿：自下而上。我想指出的是，那些高等学府的同宗请求送呈教育大臣时，皇家委员会只有两名成员投了支持票，两人还不是自由派。大臣接受了请愿，是出于对学生骚动的担忧，因为那会毁了大学和综合理工。"

窃以为，从某个角度来看，吉尼奥先生这样为自己辩护是正确的，这总比被人怪罪说对新的巴黎高师有偏见要强。他只爱老巴黎高师，那里什么都有。

我们最近申请着制服，遭到拒绝——在老校可不穿。在老校，课程持续三年。尽管在新校成立时认定第三年并无意义，吉尼奥先生又让三年学制回归了。

不久后我们就要依老巴黎高师的规矩，每月只许出校一次，且须于下午5点前返回。隶属于产出库赞和吉尼奥此番人物的教育系

## 第三章 "光辉三日"

统,可真是美妙!

他所做的一切无不显示其狭隘的观点,以及刻在骨子里的保守主义。

诸位,愿这些细节引起你们的兴趣,以资贵报。

报社添加了如下注记:

我们移除了该信的签名,尽管作者并未要求我们如此。我们还想指出,光辉三日丕定,吉尼奥先生便向所有报纸发出公报——巴黎高师校长向临时政府献上师范生们的服务。

伽罗瓦是否就是"巴黎高师的一名学生"?被校长和同学问及此事时,他既不肯定也不否定,对其态度的后果也冷漠以对。吉尼奥与库赞视共和派为人间之耻,虽说没有证据,但对有机会排除棘手学生可谓大喜过望——该生举手之间便可在同学间散播不满。

12月9日,吉尼奥召来伽罗瓦母亲。彼时其母已非居于皇后镇,而是移居巴黎——由于经济困难,被迫接受了作为某位淑女陪侍的工作。

当日傍晚,校长告知大臣开除伽罗瓦的决定,坚称年轻人已坦白其罪行:

深感遗憾地知会您,由我本人担责,不得不作出的一项决定,并为此申请官方立即许可。我已将埃瓦里斯特·伽罗瓦从巴黎高师开除……

基于其事关自身放肆无礼之自白,该生已被证明是一款挑衅全校尊严之行文的作者。所述行文包含刊载于《学校公报》的一封信……在我看来,该信……损害高师声誉之严重,使我别无选择,不得不跟进事态……

伽罗瓦入校伊始,我就有充分的理由抱怨……尽管如此,我出于对其无可置疑的数学天分的考量……容忍了其离经叛道、懒惰成性,以及难以相处的性格,希望即使不能改变其道德修养,或可允许其完成次年学业……以免其母心碎。后者就我所知,仰赖其子未来供养。

伽罗瓦的同学们担心失去校长的恩宠——对其日后事业至关重要——于是也通过致信《公报》表达了自身观点。事实上有两封信:文科生写了一封,理科生写了另一封。前者就校长之事采取了机会主义的姿态:

> ……我们赶紧向吉尼奥先生表示感谢。他在整个任期内,也是于我们学府而言最关键的时刻,以可敬而坚决的方式捍卫了我们的利益。我们声明:自己所享有思想之自由,皆归功于彼,而他处尽告窒息。至于七月末的数日,先生的态度一如既往。

签署声明的学生是:阿梅尔(Hamel),盖拉尔(Guérard),迪普雷(Duprey),内斯-拉费斯特(Nens-Lafaist),鲁(Roux),莫南(Monin),于格南(Huguenin),巴里(Bary),达巴斯(Dabas),卡佩勒(Capelle),科莱(Collet),旺德里(Vendeyes)和德马鲁(Desmaroux)。

伽罗瓦敦请理科同僚以某种方式展示其团结。他们拒绝了,但也没站到校长一边:

> 我等学生……非所述事项的目击者,拒绝《学校公报》12月5日号所发信函之作者所提的为之作证的请求。

此番涉及的学生是:波莱,拉萨赛涅,比塞(Bissey),皮诺(Pinaud),洛朗(Laurent),朔费尔(Choffer)和热拉尔(Gérard)。

刊登了两封学生来信的那期《公报》也附上了如下声明:

> 我们刚刚收到消息,巴黎高师校长……召集了全体学生,一一询问:"你是呈《学校公报》的信函的作者吗?"前四生回以否定,而第五名学生说道:"先生,我不认为自己能回答这个问题,因为这只会有利于对同学之一的背叛。"此等骄傲而高贵之回复令吉尼奥先生极为恼怒。

## 第三章 "光 辉 三 日"

伽罗瓦被开除一事很快为人所知。12月12日的《宪政报》(Le Constitutionnel)上，其编辑为其向大臣请愿：

> 谨向教育大臣提示一宗滥权案事，一名最优秀的高师学生受其所害……愿梅里永(Mérilhon)先生详询此事，他在处理争议方面已经表现出了良好的判断力。

泥牛入海。实际上，伽罗瓦肯定感到如释重负。他不必再于敌意的氛围中听取毫无意义的授课。在那里，他被认定为"极端负面的角色，有着乖张、狡诈的性格"——正如一名同学笔下所述。现在，他有充分的时间投入政治活动并以自己的方式继续数学研究。

他的第一个举动是加入国民警卫队炮兵。他终于可以骄傲地穿上真正的制服并携带武装了！他现在是一名士兵，如有必要便可为自由与法国的荣誉而战，已非某位虚伪的指导者之下的一介青苗。作为炮兵，他很快有了出勤机会。12月15日，对查理十世治下大臣的审判在上院举行（为此上院充当了高等法院）。群情激奋，一些人要求判处极刑。

12月21日，上院下达了终身监禁的判决。伽罗瓦及其队友于当日被部署到卢浮宫庭院驻扎，以防暴动。为安全计，犯人关押在万塞讷(Vincennes)堡。

与此同时，伽罗瓦被高师开除一事纷扰未断。吉尼奥执意继续向自己的前学生扔泥巴。12月14日，他再度致信大臣，并附上一封——

> ……由我们最优秀的学生之一所笔……致《公报》的信函……那是一名正直的年轻人，阳光向上，共度时艰之际得以听取我最私密的考量。

附信是由巴赫(Bach)所写，他积极地为新校长7月之际的行为辩护。巴赫坚称，条令使吉尼奥深感不安——后者告知学生，自己将不得不为自由事业牺牲——"他不可能料到三天后人民便得以惩戒叛徒、赢得自由。"

是作为校长对学员父母的责任感说服他不允许学生加入路障间的革命群

众。至于说威胁叫来警方,事实远非如此。他只不过要求那些执意前往的学生等待至次日,且勿不事先知会便离开楼栋。巴赫还称,吉尼奥并未说过:

> 倘若士兵,他亦左右为难。他只是和众人一样,知晓士兵身处困境,面临牺牲自由还是违背从军誓言的两难决断……

巴赫说,他在校期间从未听闻校长提及"法统(legitimacy)"。他作出结论:

> 谎言与指控一样多。同样与事实不符的还有吉尼奥先生在胜利之后匆忙将巨大的三色花结戴在帽上的说法。五名学生被挑选出来,与三日被害的法尔西(Farcy)的遗体同行,我是其中之一。我们与校长会合,以便一同加入送葬车队。彼时我们都着国家三色。他是唯一未戴花结的。"先生们,"他说道,"你们行了我所欲行之事。它已在我等心间盘亘许久。如今我们亦可将其佩戴此处。"诸位皆知彼言发自肺腑。

仍不满足,四日后吉尼奥再度致信《宪政报》,强调高师学生皆为己辩护。12月30日,伽罗瓦说动《公报》向昔日同僚发表如下请求:

> 吉尼奥先生的是非不由你我决断。但有一事你们万万不能容许:他将开除我的责任归于你们。在我离开之际所受的兄弟情谊面前,他竟敢声称是你们希望我被开除……亲爱的朋友们,多做些事吧。并非为我——而是为你们自己的荣誉与良知。

# 第四章
# 为路易-菲利普干杯！

**新的计划**

  1830年12月31日，伽罗瓦以及共和派再遭挫折。路易-菲利普敕令，拉斐德将军解职，国民警卫队解散。两个共和派炮队拒绝解除武装，19名炮兵队员被视作反抗的首要分子遭到逮捕。牵扯进此事的有：队长卡韦尼亚克和吉纳尔，列兵特雷拉（Trélat），桑比克（Sambuc），安德里（Andry），法兰克福（Francfort），普纳尔（Penard），鲁耶（Rouhier），莱尼布勒（Lenible），佩舍·埃本维尔（Pécheux d'Herbenville），沙帕埃（Chaparre），古尔丹（Gourdin），吉耶（Guilley），尚万（Chanvin），勒巴斯塔尔（Lebastard），普安蒂（Pointis），丹东［Danton，有名的乔治-雅克·丹东（Georges-Jacques Danton）的孙子］以及加德尼耶（Gardnier）兄弟。

  不过伽罗瓦并未就此陷入绝望。次年伊始，我们看到的仍是生龙活虎的他。1831年1月2日，《学校公报》刊登了一封来信，是关于巴黎各校（包括中学和高等教育）所行数学教育的。信件从教师的招募方式谈起：

  首先，就科学而言，主观意见是不重要的。

> 我希望知道的是特定个人是否是良师,而不关心他在科学领域之外的问题上的意见。所以复辟期间看到教职是如何分配给那些表达最动听的保皇立场或宗教观点的人士不仅令人沮丧,实际也堪称丑闻。情况并未改善。平庸……依然受到犒赏。

紧接着的是对数学教育方式的批评(虽然他自己也遇到过里夏尔这样的杰出教师)。时隔160年,今天的教育也难逃指摘:

> 我们从高中说起,那里学数学的学生大多瞄准着综合理工的大门。究竟做了什么助力成就此番志向的事?有没有方式最为简单的解释,让他们理解科学的真谛?有没有付出哪怕是任何努力,使得论证成为(继记忆之后的)本能?他们学数学的方式难道不是和学习法语、拉丁语有些相像?……这些步入歧途的年轻人还要被迫过多久那种——听取然后复诵,别无其他——的日子?何时才会拨出时间,反思这巨大的知识团块,以在众多孤立的命题和计算之上建立起一贯的认知?如果要求他们用最简明最有成效的方法、计算和论证形式,难道没有益处?回答都是否定的。截成片段的理论,塞满毫无意义的观察,被事无巨细地教授。而最简单、最光辉的代数命题遭到忽视。实际上……花了大量精力去展示越来越长,偶尔还是错误的计算与证明——有时甚至是显然的推断。

出版商也遭到抨击:

> 这种负面状况源自何处?……书商想要巨著。考官们著书愈繁,书商们利润愈厚。这就是为何,年复一年地,出现这些长篇巨制,学生小论文与大师之作比邻,充斥其间。

自身被综合理工拒之门外的回忆引出了他对考试实施方式的观察:

> 考官们为何要询问如此令人困惑的问题?看起来,他们唯恐被

候选生理解。这种可鄙的人为构作困难问题的习俗源自何方?

恐怕没有一名学生不同意伽罗瓦下面的话:

> 于是可以说一种新的学术对象建立起来了,人气渐旺。它包含的是科学界的喜恶,考官个人的癖好与性情。

不过伽罗瓦是不会再与考试和考官有交集了。1月4日,即两天之后,皇家国家教育委员会的敕令确认了他被高师开除的决定:

> 根据委员会成员库赞先生所书报告及高师校长吉尼奥先生所书报告,就伽罗瓦之临时开除一事,基于旁证,
>
> 敕令
>
> 伽罗瓦离开高师,立即生效。
>
> 其未来安置另待发落。

伽罗瓦在高师收取着奖学金,现在他丧失了经济来源。其母做人侍女本就难以养活自己,自然不可能收留他。唯一的出路是教授数学课程。他在数

图 18　路易-菲利普一家在讷伊城堡(Château de Neuilly)

## 伽罗瓦——智性与激情

日内做了安排。书商卡约（Caillot）的店面在索邦街，这意味着他认识许多学生。卡约出手相助，允许他使用书店主间傍侧的一个房间，并许诺帮他找来一些学童。不过，伽罗瓦更雄心勃勃。他打算授一高等课程，其间传达原创的研究——大多未曾发表。他并不担心遭到剽窃。也许他并不特别关心这一点，毕竟他相信科学属于所有人。于是，他在《学校公报》发布了如下广告：

> 埃瓦里斯特·伽罗瓦，原高师学生，将主持一代数课程，面向有志深究该主题的学生。此数学分支在公立学校未得穷尽。课程将呈现新的理论角度，内容从未发表或经历公开讲演。此处我们只提几点：新的复数理论，根式可解方程，数论，以及纯代数地处理椭圆函数。
>
> 课程于1月13日开始。每周四13点15分，索邦街5号卡约书店。

谁出席了伽罗瓦的第一次授课？理所当然地有舍瓦利耶兄弟俩，还有许多共和派朋友。看上去有约40人出席。但其中有没有数学家？无从知晓。尽管如此，泊松请伽罗瓦再提供一份研究拷贝，以第三次呈递给科学院。伽罗瓦不确定该如何行事，多等了几天。1月16日，他为其纪要（mémoire）写了新的引言，将其交到秘书办公室。次日的讨论展示了这份手稿。拉克鲁瓦和泊松本人受托审阅并作报告。伽罗瓦被要求等待。

他的课程并不成功——对他的朋友们（多半为了团结而来）来说，基本上是无法理解的——即使是略有数学基础的人也发现其研究路径过于非传统，难以跟上。因此听众日稀，最后空无一人。这意味着他不得不把自己限制在平凡的家教私课上。

大略自此，他开始出席科学院组织的讲演，于是在数学圈中日渐为人熟稔。讨论时他的发言无疑精准而切题，但同时也咄咄逼人，显然与学术礼仪两辙。1831年，那个时期寥寥数名女数学家之一索菲·热尔曼（Sophie

Germain)在致古列尔莫·利布里的信中写道：

> ……他的粗鲁可没有退步。在你于科学院作过的最好的讲演之后，也让你尝了尝厉害。

与此同时，呈递的纪要仍然没有音信。伽罗瓦向主席发函询问：

> 我斗胆希望拉克鲁瓦先生和泊松先生不会感到冒犯，如果我提醒他们有一份处理方程理论的纪要，三个月前他们受托审阅。
>
> 这份纪要所含的研究是我去年为数学大奖赛(Grand Prix de Mathématiques)所呈工作的一部分，我给出了所有情形下分辨方程是否根式可解的判则。由于长久以来几何学家认为这个问题即便不是无法解决，至少也是非常困难，评奖委员会先入为主地认定我不可能解决了它——首先是因为我的名字是伽罗瓦，其次是因为我是一名学生。我被告知那份纪要已经丢失。这本该让我学到一课。尽管如此，我部分地重写了它，呈交给诸位，基于一位科学院院士的建议。
>
> 先生，我的研究显然已遭遇那些试图化圆为方的文章的命运。还需要进一步的类比吗？先生，若您能澄清我的疑虑，请拉克鲁瓦先生和泊松先生陈明，究竟是他们同样丢失了我的纪要，还是他们打算在科学院报告这份工作，我将不胜感激。

## 官司缠身

12月国民警卫队解散之际被捕的19名拒绝解除武装的炮兵中，三人数日后获释，16人4月在塞纳河区巡回法庭(Assize Court of the Seine)受审。这场后来人称"十九人审判"的庭审在巴黎吸引了极大的注意力。大批人群，主要是工人和学生，挤满了巴黎法院，在预定举行审判的庭前转来转去。被告们在热烈欢迎中入场。他们不为自身辩护，而是攻击政府。法庭陈辞是至今为止共和派最好的宣传场合。对大革命信条的背叛遭到抨击，普通人的贫困亦被强调。

卡韦尼亚克的发言实际上是政党纲领的描述。辩护律师均为共和派，说服法官拒缴武装不应被视为颠覆君主制并以共和国取而代之的企图，而是对军队集体的忠诚之举——为了后者，19人参加过那么多战斗。连老将军拉斐德都来为被告作证了，他认识其中每一个人。拉斐德到场时受到了既亲切又满怀敬意的欢迎。审判于4月16日了结，判决无罪。19人被欢迎的人群高呼英雄。佩舍·埃本维尔受到尤其热烈的欢迎，行车被拖着在巴黎游行，"呼喊与喝彩四起"。

为庆祝此番胜利，人民之友的成员们发起众筹，为炮兵祝宴。很快就筹得了所需数额。宴会定于5月9日，在美丽城区（Belleville district）圣殿路（faubourg du Temple）的奥克斯·旺当热·德·布戈涅（Aux Vendanges de Bourgogne）餐馆一间朝向花园的房间举办。宾客名单上有200个名字，包括拉斯帕伊，马拉斯特，大仲马（Alexandre Dumas），艾蒂安·阿拉戈（Etienne Arago），当然也有伽罗瓦。正如大仲马在回忆录中所写："在整个巴黎，都难找出比这两百位更能与政府作对的。"很多人挑衅地穿着国民警卫队制服。气氛很快活跃起来，"香槟开塞仿佛炮声隆隆，兴奋之情正似佳酿。"

马拉斯特事先准备了祝辞文本，它们也得到了于贝尔和拉斯帕伊的认可，目的是避免警方寻衅。但即兴祝酒辞很快加入进来，特别是年轻宾客们的。大仲马被人大声鼓励发言。他谨慎地祝辞：

"我为艺术干杯！愿钢笔和画刷同步枪和长剑一般有力，贡献于我们所致力的社会变革——为后者我们不惜献身！"

这一祝辞得到了掌声。而艾蒂安·阿拉戈的言辞赢得了热烈的呐喊：

"我为1831年的太阳干杯。愿它如同1830年的那样温暖，但不似后者使我们盲目！"

屋内回应四起："再往前些！"为1793年大革命干杯、为雅各宾"山岳派

(Mountain)"干杯、为罗伯斯庇尔干杯纷纷响起。

落座长桌尽头的伽罗瓦突然起身,一手举杯,一手挥舞折刀,喝道:"为路易-菲利普干杯!"多数宾客仿效,亦行威胁手势:"为路易-菲利普干杯!"这带来了一定程度的困惑。一些宾客大骇,担心被此番言辞的后果波及,赶紧离去。大仲马和坐在旁边的一名皇家剧院演员不愿卷入,跳窗逃走。宴席以混乱告终。

次日警方来到伽罗瓦与其母亲共居的公寓,以煽动弑君的罪名逮捕了他。他被囚于圣佩拉吉(Sainte-Pélagie)监狱。第二天致挚友奥古斯特·舍瓦利耶的信中写道:

> 上锁的牢门!!因那手势而担责。但别怪罪我——酒精冲昏了我的头脑。

伽罗瓦不是那天唯一被捕的人。人民之友的主席不可能被认为与此事无关。国王可如此随便地被威胁是不可接受的。必须正告法国人民,任何有损王权的言行都无法逃脱惩处。不过,为拉斯帕伊准备好的指控事由不同。一封早已忘诸脑后的二月份的信函,当时由他寄给《论坛报》(La Tribune),被宣称为冒犯国王与国民警卫队之举。迅速地对拉斯帕伊进行了审判,处以 8 个月刑期并罚款 800 法郎。

另一边,伽罗瓦的审判 6 月 15 日周三于塞纳河区巡回法庭开庭审理。为之辩护的是人民之友成员,共和派律师杜邦(Dupont)。审判由南丁(Nandin)法官向被告发问开始。伽罗瓦被要求陈明他威胁国王性命的具体情景——落座屋中何处,之前有哪些祝酒辞。法官问道:"你难道没有从夹克下掏出一把小刀,说'为路易-菲利普干杯'?"他回答:"事情是这样:我有一把我用来切割餐会肉食的小刀。我说着'为路易-菲利普干杯,如果他背叛我们!'时挥舞着它。考虑到我开口后响起的口哨声,只有近旁的人听见——人们以为我当真为路易-菲利普的健康祝辞呢。"

伽罗瓦——智性与激情

图19 亚历山大·仲马(大仲马)

第四章　为路易-菲利普干杯！

图20　年迈的弗朗索瓦-樊尚·拉斯帕伊(1794—1878)，肖像画。他可被认为是细胞理论与病理学的先驱，亦是细胞化学的奠基人之一。他对普及卫生与医学的基本概念有特殊贡献。

法官对伽罗瓦的发言感到惊奇，询问他为何害怕国王会成为叛徒。"所有事都促使我们采取这一立场，"他说，"……相信路易-菲利普会背叛国家是合理的。他未给予我们足够的保证……国王的所有行为，虽说还不至于显出恶意，但足以使我们怀疑是否出于好意。他荣登王位的神秘背景本身就是一例。"

言至此处,杜邦指出法官的提问正触及被告本欲回避解释的问题。公诉人米勒(Miller)同意杜邦的意见。于是讨论转向小刀,那是伽罗瓦于5月6日从制刀匠亨利(Henry)处购买的。他早就想买这样一把折刀,但直到宴会开席三天前才负担得起,值价14法郎。亨利夫人,制刀匠之妻,证实了他的陈述。

随后是传唤控方证人。初级管辖法院官员代表珀蒂(Petit)先生表示,5月9日时他在共和派宴会隔壁的房间。他听见了祝酒与呼喊,但无法报告伽罗瓦的确切词句。皇家法院律师德莱尔(Delair)先生是两百宾客之一,他作证说自己目击被告在桌子另一头起立,手持闪光物件——可能是一把小刀。他未听见祝酒辞后的"如果他背叛我们",但也无法证言其不存在。

此时,庭审厅外的喧闹打断了听证。巡回法庭的官员们未曾允许楼栋内的大量记者进入庭审厅。应其强烈抗议,主审法官许可那些带有身份证明的记者旁听诉讼。

轮到下一位证人。餐厅服务长德尼(Denis)先生的证词是他没有听见任何值得注意的,唯有欢笑与歌声。迪朗东(Durandon)先生和德塞斯凯勒(Desesquelle)先生均是服务生,称多次听见"共和"以及"革命",但他们的证词无法更为明确具体,因为当时正忙于收拾银具。酒保鲁(Roux)亦被传唤,他声称听到祝酒辞之一是为"1831年的共和国"干杯。

所有三名法庭官员——库埃(Couet),佩龙(Peron)与克雷东(Creton)——附议了珀蒂的证词。屠夫盖雷(Guéret)先生称他听见"共和国万岁"的呼喊。他补充说众人极为吵闹,甚至敢于在大沙龙中抽烟,前所未见。盖雷甚至说,他听见有人大喊"路易-菲利普去死,全家都上断头台!"。伽罗瓦,虽未受邀发言,攻击盖雷,说他才是威胁了数名宾客,尤其是欧仁·普拉尼奥尔(Eugène Planiol)先生,一位真正的绅士。普拉尼奥尔在庭上佐证了他的说法。

古斯塔夫·德鲁伊诺(Gustave Drouineau)先生戴着七月起义时所受的嘉奖出庭。被要求作证时他拒绝宣誓。他说自己没有告知他人一场私人宴会上

## 第四章 为路易-菲利普干杯！

发生之事的意图。他补充说，虽然无意藐视法庭，他相信自己有权拒绝回答问题。基于刑法第 80 条，他被罚款 100 法郎。

辩方证人包括勒孔泰（Lecomte），苏亚尔（Souillard），比亚尔（Billard），奥杜安（Audouin）和库佩（Cuper）。他们均声称伽罗瓦祝辞的开头"为路易-菲利普干杯！"引发了宾客间的某种喧嚣，导致后续部分"如果他背叛他的誓言"无法被听见。不过，由于座位紧邻着他，他们听到了所有东西。药学生比亚尔补充道："我们在谈论如果有人祝辞为路易-菲利普干杯会发生什么。伽罗瓦先生说他会祝辞'为路易-菲利普干杯，如果他背叛他的誓言！'。我们向他指出我们并不知道具体所发誓言，而正值我们讨论何时人民将恢复权利之际，他如约祝辞了。一些人还没听取后面的词句就吹了口哨。但是理解之后便是热情的掌声。"

最后是于贝尔和拉斯帕伊。后者的出席引起了在场者极大的兴趣，因为他新近拒绝了国王所颁的一等奖章。两人均作证说祝酒辞意不在煽动起义。

公诉人总结陈词时提出了共和派聚会公开与否的问题。理论上来说宴会是私人场合，但是证人证词表明屋内所说的大部分都能在屋外听见，因此该聚会是公开性质的。高等上诉法院的判例表明餐馆和酒店是公共场所。是故，被告犯下了在公开场合煽动侵害国王人身权与生命权的罪行。

伽罗瓦随后被准许发言："我将对公诉人的一些错误作出回应。我在先期听证中的回答遭到了否定，'如果他背叛他的誓言'亦被省略。我必须承认，自己更乐意遵从先期听证时法官的意愿，而不是冒在监狱度过三或四个月的风险。我坦白，自己的行为相当狡诈。很容易想象，警方密探认定自己揭露了一个密谋者时是多么欢欣。自己出名了！现在他想必相当失望。我无法对公诉人所说的国王不可能成为叛徒不予回应。如今没有人愚蠢到相信一位国王是完美的，特别是自查理十世治下的法官们——因我们说国王也可能玩忽职守而迫害我们——转而向因前任的愚蠢而被捧上王位的另一人效忠以来。"他补充说自己是携带武装行走巴黎街头的人之一,愿与他的朋友们一同面对上周周六的听证。

"复辟时代的人们,"他继续道,"看看你们的所作所为。你们许诺不再会有起义,但起义仍然在发生!查理十世比你们聪明多了!你们就是孩子!你们将我们的头架在石上,却不敢让斧头落下。我们也是孩子,然而是向前进的孩子,充满力量与勇气。我们共和派永不知腐败为何物!"

为伽罗瓦自身着想,听证法官明智地打断了他的演讲。总结陈词时辩护律师将自己限于讨论聚会是否公开的问题,坚称无论说了什么,它们都发生在私人场合。

商议了半个小时,陪审团回答了法官的询问。被告无罪。伽罗瓦沉吟半晌,面无表情。随后他冷静地起身,走向陈列物证的桌子。拿起小刀,折起,入袋。他无言地离开了庭审间。

他所提及的上周周六的听证发生于 6 月 11 日,是对伽罗瓦朋友们的审判的一部分。两名医学生马洛(Malot)和勒邦(Lebon),三名法学生布德尔(Boudel),格里韦尔(Grivel)和马泰(Mathé),均曾因七月起义而授勋,如今一同列席被告。审判调查的是 3 月 11 日之事,当时是周五。那一天的行事与人民之友通常的活动相比颇为大胆。当天下午 1 点,约 30 名年轻人聚集在万神殿前的广场上。他们先是被城市警力驱散,但很快得以重组,意图进入建筑。发现所有门都上锁后,他们向正门投石,直至锁头打开。进入了一打人,取走了数面悬于邦雅曼·康斯坦特(Benjamin Constant)墓碑旁下半旗志哀的三色旗分给众人,只留下一面。离开教堂后,他们沿圣热内维埃夫山街道下行,途径综合理工。

一名最激动的年轻人指着它喊道:"他们这次不会来了!他们吓坏了!"队伍喊着"自由万岁!共和国万岁!"前进至圣安东尼(Saint-Antoine)郊区,此时已有两百人之众。随后与警方发生了激烈冲突,双方均有伤员。5 名学生被逮捕,所受指控是拒捕和扰乱治安(unruly behaviour)。马泰还被指控违法持有

## 第四章 为路易-菲利普干杯!

武器。杜邦为5名年轻人进行了辩护。5人均被判处两个月刑期。

自然而然,审判伽罗瓦时没有提及他杰出的数学天赋。他的辩护者甚至也没有提及他和科学院之间以及他与高师之间的问题。这方面在6月15日即开审当天的空想社会主义报纸《环球》上得到了弥补。这是舍瓦利耶兄弟俩的主意。两兄弟之一可能就是下文的作者:

> 年轻的伽罗瓦今天将在巡回法院受审。他被指控于5月9日在旺当热·德·布戈涅餐馆的一场宴会上挥舞着小刀说"为路易-菲利普干杯!"。支持此类举止绝非我意。我们的宗教是关于和平、和解与秩序的。任何暴力与血腥的想法都使我们深感惊恐……我们真诚声明,哪怕有情况种种,即使发生在最为隐秘、法律无从触及之处,这般持刀威胁也带有野蛮的色彩。

无疑,正是空想社会主义的非暴力特质令伽罗瓦感到隔阂,后者倾向于——有时是异乎寻常的——人民之友的革命式的路线。文章继续道:

> 然而,存在着对年轻的伽罗瓦有利的相抵因素。为这位不幸的年轻人着想,传达这些事实也是我们的责任……
>
> 伽罗瓦先生虽年不满二十,却已有充分的无可辩驳的证据证明其具有高度的科研能力。不过,尽管他付出了种种努力,他遇到的唯有对才华的冷漠与蔑视。视自己为社会秩序的受害者,他不忿、气馁、沮丧。在自己身上感受到了光明的萌芽,却被扔进一个自私的世界,既无庇护,亦无友谊,对体制的仇恨渐生——在彼治下,出身落魄掩尽数多天分,生于膏腴拔擢资平之辈……
>
> 伽罗瓦的天赋异禀是不容忽视的因素。他发现椭圆函数的性质与阿贝尔同时——北方的科学家亦遭科学院冷遇,死于赤贫。

想必伽罗瓦常和他的朋友舍瓦利耶两兄弟抱怨自己仍未收到已是第三度呈递科学院的关于代数方程之根式可解性的纪要(mémoire)的评判——这次

还是在泊松的鼓励之下呈交的。对于他视之为无比新颖且重要的思想，数学界再度表现出完全的冷漠。为何不通过《环球》的版面将此等漠视公之于众，迫使科学院的伟人们注意伽罗瓦的工作呢？

去年三月前伽罗瓦先生就向科学院秘书处递交了一份关于数值方程可解性的纪要。这份纪要是作为参加数学大奖赛的投稿递交的。它被认为不值一提，因为它克服了连拉格朗日都未能解答的难题。作者对这一课题的处理令柯西先生赞不绝口，可是这又如何呢？那份纪要已经丢失，大奖也已颁出，年轻的学者甚至未能参与竞争。写信抱怨了科学院对自己工作的冷漠处置后，来自居维叶（Cuvier）先生的回复只不过是："事情简单明了。这份纪要因傅里叶先生去世而丢失，后者受托审阅此稿。"后来重写了这份纪要，再次呈交科学院。泊松先生本应审阅却尚未履职，导致可怜的作者苦等一词而不得，已有5个月之久。

事情公开迫使拉克鲁瓦和泊松采取行动。他们在7月4日的讨论会上作了报告。然而，他们的评判是否定的。尽管自身并未理解伽罗瓦所写内容，他们的意见是他的工作错误。但是，正如如今任何熟悉数学的读者会注意到的，是**他们**的报告包含着一处错误，显示出其完全没有能力接受伽罗瓦新的、革命性的研究方法。

……应当指出［定理］并不——如同标题会令读者确信的那样——包含方程根式可解的条件……这样的条件，倘若存在，应具有显式的特征，可通过检验给定方程的系数来测试，或者，至多通过解一个更低次的其他方程来测试。我们竭力理解伽罗瓦先生的论证。他的论文既不清晰，也未展开至我们能评判其严谨性的程度。

我们也未能提炼出这一工作的思想。因此，我们将您的手稿返还，希望泊松先生的观察（注记）有助于您未来的研究。

## 第四章 为路易-菲利普干杯！

信件由科学院秘书弗朗索瓦·阿拉戈署名，即 7 月 28 日试图在人民与马尔蒙将军间担当桥梁的那一位。

伽罗瓦唯一的告慰便是他的手稿得以返还。官司缠身使得他与母亲的关系日益紧张。对构成现代代数基础的思想——以及更惊人的，它在一名 17 岁孩子的脑中形成的事实——的完全不理解使他心灰意冷至如此地步，促使其渴望独居，以在他需要的时候可于物理性的隔绝中寻求庇护。为此，他决定在贝纳丁（Bernadins）街 16 号租一房间。

巴黎城中正在筹备纪念 1831 年 7 月 14 日的庆典。共和派决定在巴士底狱组织爱国示威，其间将栽种一棵自由之树。准备了一张海报，邀请工人、学生和年轻店主，所有的"七月人"，于今年 7 月 14 日，周四，正午之时在小城堡（Châtelet）碰面。下午 1 点前，游行队伍将沿着塞纳河堤岸、圣马丁街和林荫大道前进，在演奏爱国歌曲的乐队带领下，护送这棵树到达巴士底狱。他们请现役及原国民警卫队成员着制服参加。由于担心计划中的示威会对公共秩序造成影响，警监维维安（Vivien）没收了印刷商米（Mie）处的所有海报副本，并决定逮捕那些共和派中最危险的分子。伽罗瓦自然是其中之一。警察于 7 月 13 日夜间闯入他们的家中，然而多数人已得到消息，并不在家。伽罗瓦当日晚不在贝纳丁街的住处过夜。

尽管如此，遵从着党派命令，次日他还是出发了，和朋友樊尚·迪沙特莱（Vincent Duchâtelet）一起站在达六百之众的示威队伍之首。12 点 30 分，队伍从蒂永维尔（Thionville）街即今天的太子妃（Dauphine）街一侧过新桥。警方半渡而击，数分钟内就驱散了他们。伽罗瓦与迪沙特莱被捕。前者正穿着他旧时的国民警卫队制服，除了常规的卡宾枪外还携有数支手枪和他的小刀。给他找一项指控再容易不过了。同日晨，迪堡（Dubourg）将军和迪富尔（Dufour）将军也被逮捕。在香榭丽舍大街，共和派遭到了一群对立示威者的袭击，暴力冲突持续了一整天。

伽罗瓦和迪沙特莱被关在蒂永维尔街警局的牢房里。后者耍了个恶作

伽罗瓦——智性与激情

图 21　西梅翁-德尼·泊松(1781—1840)。他的研究主要
　　　　涉及天体力学、静电学、磁学和概率论。

剧,使他们处境更糟。他在牢房墙壁上画了一只梨。在当时的政治漫画中梨代表国王的头颅。迪沙特莱还加上了断头台,下附文字:"自由啊!菲利普会将他的头颅献上你的祭台!"傍晚,两人均被转至圣佩拉吉监狱,伽罗瓦的编号是 15348。拉斯帕伊之前因密谋反对国王——不仅是人民之友的一员,还"挥毫泼墨"——的罪名被捕,5月起就在蹲这同一所监狱了。

## 第四章　为路易-菲利普干杯！

　　三个月的预防性拘留后,伽罗瓦将为 6 月被判无罪偿还代价。10 月 23 日开庭。审判期间,他被转至巴黎裁判所的附属监狱(the Conciergerie)。审判是特意不在巡回法庭举行的,因为达成有罪判决对当局极为重要。他被指控非法持有武器以及穿着无权获得的制服。伽罗瓦和迪沙特莱两人都未被纳入国民警卫队的重组——后者"为捍卫君主立宪制、宪章及所列权利,确保对法律的尊重,重建和维护秩序与公共和谐,并支持武装部队而重新建立"。事实上新的国民警卫队由缴纳直接税并有财力支付自身装备费用的公民组成。它现在是完全属于中产阶级的机构。

　　迪沙特莱获刑 3 个月。对伽罗瓦,法官们希望格外严厉。他被判处 9 个月。伽罗瓦发起上诉,但 12 月 3 日的决定是维持原判。他将在圣佩拉吉监狱服刑至 1832 年 4 月。

图 22　新桥

伽罗瓦——智性与激情

图 23　路易-菲利普,"法国之王"

**十五人审判**

　　七月骚动后,警方决意惩罚人民之友那些仍未投进圣佩拉吉监狱的领导成员并延长已入狱者的刑期。十五人在巡回法庭受审,指控是煽动仇恨和藐视政府,以及通过恶意宣传颠覆政权。被告是:拉斯帕伊,布朗基,图雷(Thouret),于贝尔,特雷拉,邦尼亚斯(Bonnias),里舍(Rilheux),普莱尼奥尔(Plaignol),茹绍(Jouchault),德洛奈(Delaunay),巴尔比耶(Barbier),普雷沃

(Prévost)，里瓦伊（Rivail），舒瓦尼奥（Choigneau）和热尔韦（Gervais）。热尔韦还被控有抗拒警官（resistance to a police officer）。

许多年后，拉斯帕伊在自传中写道：

> 我们所有人，作为人民之友的领导成员，均自负着风险写下过无数事关我等纲领的文章：普选，所有公职的公开任职，新闻自由，累进税制。我们被带到巡回法庭正是因为这一纲领，正是因为我们攻击路易-菲利普背叛自己的誓言，中伤诽谤大革命，欺骗人民，也忘记了路障。
>
> 当局大声宣称人民之友是秘密组织，随后在每个人的耳边低语，说秘密组织的天性就是密谋反对秩序，危害遵纪守法的公民们的安全。我们正要展示共和派的力量。

听证会在 1832 年 1 月 10 日至 12 日举行，全法瞩目。控辩双方陈词的详细报道都见诸报端，出现在《时代》《国家》《运动》（Le Mouvement）和《论坛报》。主审法官是巴黎皇家法院法官雅基诺-戈达尔（Jacquinot-Godard）和助理检察官德拉帕姆（Delapalme）——曾是查理十世的忠实子民，因发誓效忠路易-菲利普而保住职位。自然，杜邦是辩方律师之一。仅他一人就传唤了超过 50 名证人，其中包括卡韦尼亚克，巴斯蒂德（Bastide）和因仍在服刑而武装看押于隔壁房间的伽罗瓦。

卡韦尼亚克解释称人民之友的出版物是集体性质的，并且他们从来都称不上密谋：

> 1825 年时有一个市镇级别的秘密会社，起于烧炭党（Carbonari）。
>
> 成员之一是巴尔特（Barthe）先生，现任法务大臣。

伽罗瓦未被准许长时间陈词，他能做的只限于确认卡韦尼亚克的陈述。拉斯帕伊则作了长而具体的演讲——并非预期的防御性质的陈词，而是代表人民，充满感情，掷地有声。陈词以刺耳的音调作结：

这名承国王之衔的叛徒应活埋在杜伊勒里宫的废墟之下。这便是与一名要求困顿的法国掏出一千四百万来供养其生活开支的公民相称的待遇。

布朗基亦不遑多让。法官问及其职业时,他回以"无产阶级"。遭到其并非一种职业的反对后,他说道:"您是何意!这不是一种职业!这是三千万赖其劳动过活而没有政治权利的法国人的职业。"

审判结束,经三小时审议,陪审团宣布所涉文案确实犯有先期听证所举罪行。但由于其为匿名,被告无罪。不过拉斯帕伊和布朗基还是分别判处15个月和一年刑期——两人因所作公开陈词而得咎。

于是布朗基加入拉斯帕伊和伽罗瓦,也进了圣佩拉吉监狱。

## 在狱中

圣佩拉吉监狱坐落于植物园(Jardin des Plantes)区,位于巴黎南缘。公园包括数处植物园与一动物园,后者是大革命期间凡尔赛皇家兽园的动物迁来时设立的。在查理十世统治时期,植物园变得非常时尚。景点之一是一头长颈鹿,由埃及总督穆罕默德·阿里(Mehemet Ali)献给"法国之王"。这头异国风情的动物成了数月间巴黎画室最流行的谈资,是设计裙装乃至发型的灵感源泉。

向圣佩拉吉监狱行军的囚犯长队自非美景,只求于杜伊勒里宫和卢森堡花园怡情散步的体面市民避之唯恐不及。该区如今不过是又一处平凡市郊罢了。1789年之前,监狱楼栋是安置赎身妓女的场所,1792年才转变身份。监狱区由皮-德-勒米特(Puits-de-l'Ermite)街、巴东(Batton)街、科波(Copeau)街和钥匙(la Clef)街围成。正门开向钥匙街,平行的另一侧也开有一门。多层牢房与宿舍将3个大院分割包围,院中生长的是细长的金合欢树。整个建筑高墙环绕,上有巡逻城垛。正立面底楼开有六扇窗户,而高处唯余窄缝,像是卸去脚手架后心不在焉而没有充填似的。围绕每一院落的牢房分配给特定类别的犯人。政治犯,多数即共和派,居于面朝皮-德-勒米特街的第一区。小偷与骗子在中央区,负债人在由钥匙街进入的那一区。中央区里有许多乞讨或偷窃时被捕的弃儿和流浪汉。

政治犯的待遇随个人经济条件而不同。较富裕者可支付单人间的费用并唤来餐厅的外卖。以低一些的价格可以住在七人或八人间。最贫穷者则塞进免费的六十人寝室。伽罗瓦大抵属于最后一类。撰文针砭当局的记者也被视作政治犯,虽然作为一小撮相当傲慢的知识精英——常因为自己的思想遭受苦难而自豪——受到了特别的尊重。夏多布里昂(Chateaubriand),比如说,因《保守派》(*Le Conservateur*)上发表的数篇文章获罪(他既是创办者又自任编辑),于是在狱中度过了许多漫长乏味的日子,其间被迫听着警监吉斯凯的妻子在钢琴上弹奏华尔兹——他们家的画室毗邻监狱楼栋。当然,其他囚犯的生活可不是那么惬意。

伽罗瓦入狱时多在院落中沉思踱步。墨迹之间有一些只言片语构成了更为连贯的语段,当为此时所笔:

> 若一人声称自己代表科学,他必得有与他反对之众相对的大名。倘非如此,他的大志徒被视同嫉妒。

> 有新思想的人可以在两者之中择一,或是终身享有博学的高名,或是建立学派,保持沉默,确保名留青史。倘若前者,他将之付诸实践而不加夸大;倘若后者,他将其出版。还有第三种选择,一条中间道路:既出版又实践。如此,便唯余荒谬。

拉斯帕伊的狱中时间亦多用于学习和思考。正是在这段时间里,他写了超过 50 封信件,8 年后以《巴黎监狱信札》(*Lettres sur les prisons de Paris*)为题出版。其中许多信件提到了伽罗瓦,他对其极为青睐,深表同情。行文间可见他对这位年轻狱友的由衷钦佩:

### 伽罗瓦——智性与激情

这纤瘦、端庄的孩子啊，不过三年学业，眉间已是风霜，是一甲子的最深沉的冥想。为科学与道义，愿他活着！两年之后他便是科学家埃瓦里斯特·伽罗瓦！但警方不希望如此境界如此性情的科学家存在。

对伽罗瓦来说，一天之中最好的时候是共和派的夜间仪式。他们聚在一面三色旗前，高唱《马赛曲》和其他爱国歌谣。歌罢行过旗旁，每个人都亲吻国旗。偶尔有业余戏剧表演紧随其后——总是囚犯们自己所写的寓言场景，回忆七月革命。没有布景，唯一的舞台道具是一口棺材，曾被用于运送被路易-菲利普谋害的共和派的尸体。虽说这些仪式旨在团结，年轻的思考者伽罗瓦常受狱友取笑。他们给他取了 Zanetto 的昵称，不时迫其喝烈酒，激他将整瓶一饮而尽。虽然反感，伽罗瓦也无法拒绝。他会烂醉如泥，不省人事。是拉斯帕伊将其送回床位。信中写道：

> 某日他在监狱院落徘徊，沉浸于思考，似白日幻梦。那黯淡的表情当属唯有躯壳在世之人，又似命悬于一缕幽思。
>
> 霸凌的男孩们大喊："嘿，你可能年仅二十，却是个老头！难道你喝得了酒？喝酒吓坏了你，不是吗？"于是他直直地向着危险行去，一气饮下，将空瓶掷向折磨他的人。就算他当场杀了那人也会被论为正当！

拉斯帕伊是伽罗瓦入狱期间两件大事仅有的信源。7 月 27 日，即他入狱仅 13 天之际，为纪念前一年起义的遇害者举行了盛大的弥撒。预计 28 日至 29 日将有一场政治犯暴动，狱方高度警觉。实际上，无事发生。29 日傍晚，囚犯们刚回到寝室，床位靠近伽罗瓦的一名犯人被监狱对面屋子射出的子弹击中。子弹的目标是谁？警方是否试图一劳永逸地解决伽罗瓦？他是否当真被认为如此危险？这些问题没有答案。狱方被指为幕后黑手，于是预期中的暴动如约而至。伽罗瓦被转送至惩戒间。

# 第四章　为路易-菲利普干杯!

图 24　囚于圣佩拉吉监狱的弗朗索瓦-樊尚·拉斯帕伊

拉斯帕伊随后相当含糊地描述了伽罗瓦的一次自杀。他描绘了这样的场景——年轻的"Zanetto",也许在酒精的影响下,喊出了下述令人困惑的词句:"你们本该是我的朋友,但你们却藐视我!你们是对的,而像我这样的人——背负此等罪行[何罪?]——必须自杀。"拉斯帕伊继续道:"若不是我们擒住了他,他确实会这么干。他手里拿着武器。"进一步展开将纯属臆测。

在狱中,伽罗瓦自然继续他的数学研究。1831年10月,他为其纪要作了一篇序。它读起来可谓引人入胜,无需赘评,但长期以来被科学圈拒绝付印,因为正如因费尔德的观察,这是一番对科学界阶级制度的猛烈控告——这种阶级将傲慢置于谦逊之前,自大置于善意之前。

1906年朱尔·塔内里(Jules Tannery)编辑伽罗瓦的未付印作品时刻意排除了这篇序言,因为在他看来,作者不是酒后狂言就是病中呓语:

> 首先,本作的第二页并未填满尊姓大名、头衔、职级和献给某位渺小王子的颂词,后者的钱包逢香烛摇曳而松开,香炉复空而收紧。亦不见三倍于标题大小的字母向某位高级科学家致敬,后者的庇护于二十岁的有志青年可谓不可或缺(我险些写成"避无可避")。我不将自己工作的高质量归功于任何人的建议或鼓励。假装如此才是撒谎。即使对此世的伟人们——或者科学界的伟人们,就眼下的情形而言基本没有区别——有话可说,我发誓那也绝不会是感谢之意。
>
> 正是科学中人导致两份纪要中第一份的面世姗姗来迟,而所有这些写于狱中则归咎于另一类人。拘押期间(这被误认为是反思的场合),我常惊讶于自己如何忘记闭嘴,不去愚蠢地喊出"Zoili"①。我相信自己动用此词完全妥当,哪怕万般谦虚。我对我的对手们的评价就是如此之低。如何入狱、为何入狱并非此处论点,不过我必须提

---

① 佐卢斯(Zoilus)是公元前4世纪安菲波利斯(Amphipolis)的一位语法学家,以其对荷马的非难而闻名。这个名字被用作吹毛求疵的同义词,尤其是在法语和意大利语中。

## 第四章 为路易-菲利普干杯！

及自己的手稿是如何从院士们的文件中丢失的——虽然良心已背负着阿贝尔之死的人们如何还能如此轻忽超出了我的理解。这并不是说我自比那位大几何学家。简而言之就是我那份关于方程理论的纪要于 1830 年 2 月呈交科学院，先期摘要曾于 1829 年寄出，没有收到回复，也从未得以取回手稿。也有其他类似传闻，但宣之于口只会是愚蠢之举，因为于我而言别无其他，只是丢失了手稿而已。我糟糕的个性，因祸得福，使我幸免于群狼之口。话已至此，想必读者已然明了，为何即使我心下如此也无法全心全意地装扮——或者就此而言，应该说是污损——我的作品。二来，两份纪要都是短篇，根本配不上它们的标题。自然语言写就的部分与代数一样长，以至于印刷商看见手稿时还以为它们是引言。这着实是我的过错。巨细靡遗地回顾一整个理论，附上以对理解本作来说必要的方式写就的前文，或者更妙地，既无徒以二三新定理填满一科学分支之法，不说出具体是哪些，本该轻而易举！相继用字母表中的所有字母替换进每个方程之中，按顺序编号，以此识别接续的方程所属的字母组合，同样是小事一桩。这将使方程的数量翻上无穷倍，如果你想到，在拉丁字母以外，我们还有希腊字母可用，而这也枯竭以后，我们还有德文尖角字，也没什么理由不用叙利亚文，甚至中国字！同样轻而易举地，可以把每个句子变成十倍长，确保每一步变形前都挂上庄严的"定理"二字，或声称根据我们的分析，得到自欧几里得时代便知道的结果，又或者，登峰造极，在每个命题的前后都布上令人生畏的大摞特例！办法之多可谓琳琅满目，我挑不过来！三者，第一份纪要并非完全未得老练目光的审视。1831 年呈递科学院的一份摘要曾得泊松先生审阅，而后者甚至在一次正式报告会上承认，自己根本没有理解它。在耽于自美的作者眼中，这仅表明泊松先生不愿或者不能理解，但是在一般公众眼中，这无疑证明我的工作一无是处。

所有这一切使我确信，我在此向公众呈现的工作于科学圈中将收获的是同情的微笑，其中最慷慨者亦不过将我的失败归于能力上的缺陷。一段时期内，我将被与弗龙斯基①相提并论，亦或那些不懈地寻找化圆为方之法的人——他们年年如此。尤其是综合理工的入学面试考官们，他们不由自主的笑声将特别响亮（我很惊讶，他们所有人的大名竟没有一齐出现在科学院院士名单上，竟然这些名字无缘流芳后世）——近乎垄断数学书籍的发印，想必知晓一位他们两度拒之门外的年轻人竟敢著下树立新思想的书而非区区课本将使其肝火大旺。

　　说出上面这一切是为了表明我很清楚自己将面对愚者的哄笑。倘若不顾被理解的渺茫希望，依然出版那些不眠之夜的成果，那么这是为了准确地记下我的研究，并让狱外结识的朋友们知道我仍然活蹦乱跳。亦愿这份研究有幸落入不会被愚蠢自负阻止阅读者之手，而他们将被引导至在我看来最高层面的分析学必须前进的方向。此处应当指出，我谈的仅限于纯粹的分析学。若将我的断言迁移至更直接的数学应用，它们将自相矛盾。

　　早期，长长的代数计算对数学进步用处不大。极为简单的定理译成分析语言益处寥寥。直到欧拉时代这种简明的语言才变得不可或缺——这位大几何学家为科学带来了新的扩展。欧拉以来，随着应用于更高级的科学对象，计算变得越发必要，但也越来越难。自本世纪初，算法已变得如此复杂，以至于因缺乏现代几何学家赋予其研究的优美简雅——通过后者，思维得以快速地一次掌握大量运算——进步为其所碍。

---

① 厄内·弗龙斯基(Hoëné Wronski，1778 年生于波兹南，1853 年卒于巴黎)曾于 1812 年发表短文章《任意次数方程的一般解》(Résolution générale des équations de tous les dégrés)——显然含有严重错误。

## 第四章 为路易-菲利普干杯!

很清楚,他们有理由引以为傲的这种简雅别无他用。

基于有充分证据支持的事实,即最有进展的几何学家的努力正付诸简雅,可以肯定地得出结论,那就是越来越有必要同时涵盖数种运算,因为思维已没有时间停留于细节。

眼下,我相信归于计算简雅的简化(当然,是指思想上的,而不是实际的)是有限的。我相信这样的时刻将会到来,届时分析学家的推测所预见的代数变换将不再有具体写出的空间或时间,以至于不得不把预见到它们就当成足够。我并不是说没有这种帮助分析学就再无新意,但我确实相信会有一天,若没有它则一切皆被穷尽。

在我看来,未来几何学家的任务是径直站在这些计算旁,根据难度而非形式对运算进行分类。这是我在这份工作中开始遵循的方向。

我此处的意见不应与某些回避一切计算,将代数可非常简洁地表达的意思转译成长句,从而将并不妥当的自然语言的复杂加诸长篇计算者的自负混为一谈。这些人已落后一个世纪之遥。

这里没有那种东西。此处执行的是对分析学的分析。此处,至今为止所做过的最高级的运算也被看成特例,虽然对其的检验是有用甚至可说是不可或缺的,但若不为更广阔的研究放弃之,将是悲剧性的错误。是时候进行这种高等分析所要求的——根据难度分类,而不是随某一具体问题特别地呈现为某一形式——的计算了。

我的工作是其应用之一,仔细阅读我的工作后方能理解我的一般性的论文——上述理论观点并不是先于应用产生的。只不过,完成我的工作后,我自忖是何令多数读者感到如此膈应,而反思之后,我认为我观察到自己思维之中的这种倾向,即在我所处理的问题中避免计算,而且我承认在我所处理的问题中任何希望一般地执行计算的人都会面临难以逾越的困难。在处理这样的新对象、闯出一条新路时，遇见数多我未能克服的困难是意料之中的。因此万能的"我不知道"在两份纪要中都时常出现。更为新近的第二份纪要尤其如此。我开篇提到的那些读者有理由抱怨。毫无疑问的是，最博学的作者所著的最宝贵的书籍是包含所有他不知道之事的那一本。同样毫无疑问的是，一位作者于其读者的最大伤害便是把困难遮掩起来。

当竞争——自私——不再主宰科学，当科学家们形成研究团体而不是将封口的包裹寄向学院，哪怕是微小的新发现也将迅速出版，而诚恳的"我不知道更多了"将随附其上。

伽罗瓦其姐纳塔莉-泰奥多尔频繁探访圣佩拉吉监狱，尽可能地以美食与轻快的闲聊缓解弟弟的痛苦。不过1831年12月的日记中她不禁写道：

前头还有五个月没有新鲜空气的日子！真是悲伤的前景，而我实在是担心其健康将大为恶化，他已经如此怪异！

他没有可分散注意力的想法。他变得阴郁，比实际年龄更苍老。他眼窝深陷，仿佛年过半百！

即便"怪异"又"阴郁"，伽罗瓦仍是曾经的重情义的小伙，甚至在狱中也没忘记爱他的人，一以贯之。1832年1月写给其母的妹妹塞莱斯特-玛丽·吉纳尔（Céleste-Marie Guinard）的信中说道：

亲爱的阿姨，我得知您卧病在床。我感到有必要让您知道我多么抱歉，想到自己身陷囹圄无缘看望，更是痛彻心扉。

您甚至好意送来礼物。在墓中收到人间的问候真是欣喜。

愿我出狱之际您已康复。

届时第一件事便是拜访您。

## 第四章 为路易-菲利普干杯!

虽然人民之友的许多领导成员已在狱中,共和派未能实现其掀起一场新的人民起义的计划。有多次尝试,而警方在七月革命后的 16 个月里也着实忙碌。四任警监来来去去:吉罗·德·莱恩(Girod de l'Ain),博德(Baude),维维安以及吉斯凯。然而在 1832 年春,一场可怕的霍乱疫情带来的心理影响使得共和派活动在巴黎乃至全法受制。在对疾病的恐惧面前,经济危机与社会冲突皆被遗忘。巴黎城内死亡人数高企,特别是在中心各区,那里是最穷苦居民的住处,卫生条件极差。多数中产家庭离城,在郊区房屋独居。

转移圣佩拉吉监狱中健康堪忧者与最年轻囚犯的决定亦被作出,以避传染之患。1832 年 3 月 16 日,伽罗瓦作为假释囚犯被转移至如今的布洛卡(Broca)街,时为卢尔西纳(l'Oursine)86 号的一家诊所。诊所名从其所有人福特里耶(Faultrier)及在此工作的医生让-路易·波特兰-迪莫特尔(Jean-Louis Poterin-Dumotel),后者全家住在此街。

这次转移给伽罗瓦的生活带来了新的光亮。他遇见了斯特凡妮(Stéphanie),波特兰-迪莫特尔的女儿,并坠入爱河。她是否也爱他?两人之间实际是什么关系?仅有的证据是斯特凡妮两封来信的拷贝——想必是伽罗瓦一怒之下撕碎的,伴着悔意又试图还原内容——笔迹是伽罗瓦的,但署名处写的是 Mademoiselle Stéphanie D.。其间有数处空白,不过文本大体是连贯的:

> 拜托,让我们结束吧
> 我没有精力跟上
> 这样的往来
> 但我会试图寻找足够的谈资来
> 和你对话,一如
> 事情发生之前。这里……
> 的……
> 当……

归因于你而非

我,不要考虑

可能不存在也

永远不会存在的事。

　　似乎开始时斯特凡妮鼓动了伽罗瓦的爱意,或者说,至少于他看来她乐意接受。之后发生了什么? 也许是伽罗瓦的告白改变了关系的友谊性质。这不再是她感兴趣的朋友关系,正如第二封信所示:

我遵从了你的建议

并考虑了……在

我们之间……这无论其名为何

的关系下……发生

的事。先生……

要清楚可能本就不会再有寸进;您误解了……

您的悔意无以为据。

真正的友情只存于

同性之间

特别……是

没有此种感情

便

惺惺相惜

的朋友

但深深受创……的是……

我的信任……你看见

我不高兴……问

我原因;我回答

## 第四章 为路易-菲利普干杯！

自己有些失望；其他人是失望的来由。

我本以为你会接受这番说辞

同任何之前的人一样

对那种[???]

只能爆出一个词

我平静的思绪让我

得以不致后悔地

评断我通常看到

的人；正是由此使

我罕有因误解或是对他们的看法受了影响

而后悔

我不同意你

感到……甚于……

以至……期待……

[??]……我由衷地

谢谢你。

# 第五章
# 毫无意义的死亡

斯特凡妮的回绝令伽罗瓦悲痛欲绝。他炽热的灵魂渴望在对她的爱情中寻获科学拒绝给予他的东西。刑期最后的日子里,他焦急地等待着重返政治斗争——生命中已不余其他值得为之而活的东西。对斯特凡妮他已不抱希望。她不会爱他。至于数学,他的另一挚爱,某种意义上也已背叛了他。虽然确信自己的理论完全正确,也意味着代数的未来,他已意识到继续希冀巴黎的学术机构能理解它们纯属臆狂。现在,共和理想的信仰是他唯一的希望。他要重回人民之友,迫不及待。

4月29日刑满释放。然而,他没有离开福特里耶诊所。没有钱回贝纳丁街自己的房间。亦无去见母亲的丝毫兴致,后者一次也没有来圣佩拉吉监狱探视过他。本可以去梅尼蒙唐(Ménilmontant)的空想社会主义社区加入奥古斯特·舍瓦利耶和米歇尔·舍瓦利耶两兄弟,在那里他们将张开双臂欢迎他。但是,两位教父(pères)巴扎尔(Bazard)和昂方坦——运动的领袖——设定的规矩即使并不严苛,也还是规矩,而伽罗瓦那时想保持完全独立。再者,离开巴黎城意味着推迟在法国建立共和的政治努力。

1831年7月的逮捕之后,人民之友被迫抛下他们在圣奥诺雷格勒内勒街的指挥部。数月之间未有会面。1832年5月初,一起新事件刺激他们采取行动。贝里公爵夫人玛丽-卡罗琳(Marie-Caroline)回到了法国。没人知道查理

## 第五章　毫无意义的死亡

十世儿子的遗孀在丈夫遇刺时孕有继承人。这名现已12岁的男孩一直客居布拉格，在一名最高级别家教——数学家柯西——的指导下。通过承担这份从智力角度来看难言充实的工作，后者得以展示自己对波旁王朝的忠诚。

保皇派视路易-菲利普为篡位者，将一切希望灌注在男孩身上。公爵夫人回国当作何解读？这是否意味着保皇派准备发起战斗？倘是如此，共和派认为路易-菲利普将被置于两难境地。谋划了一场新的革命。时不我待。5月7日，全体成员在圣路易（Saint-Louis）医院大街18号开会。伽罗瓦被通知出席，其归来受到了热烈欢迎——他以动员较温和者的能力闻名。

武装起义立即成为共识。万事俱备，唯欠一激奋民众的缘由与日期。起初并未被认真对待的一种提议是，一具尸体将会非常有用。需要一位英雄，以彼之名巴黎人民将会奋战，呼喊于口，以彼之名他们将向路易-菲利普的警队开火，烈士弥留之际亦挂于唇。讨论很快变得热烈，同志们纷纷表达意见，一语未发的伽罗瓦渐渐激动起来。

他申请发言。语气如此郑重，以致场上一片肃静。自己的生命已毫无意义，他动情地解释道。他要做的唯余一事，即将自己奉献给心中仅存之物：法兰西。他们需要的尸体将是他的。

在场众人皆言反对——伽罗瓦还如此年轻，况且，无论如何，他活着比死了对共和事业更有助益。他拒绝听从。不过，至少需要数周时间，这样，警方知晓此次会面也无法将其死亡与人民之友的活动联系起来。他会安排一场与友人L.D.的决斗，而只有对手的手枪上膛。甚至要留下数封信件，使决斗看起来合乎情理。除了在场人员，没有人应当知晓自己的牺牲。人民之友唯一的任务是散播此次决斗实为警方伏击的说法。

成员并未一致同意伽罗瓦的计划，但他是如此坚持，以至于会议以同意在适当的时候再次会面作结，届时他们将讨论葬礼的组织，而那将成为点燃革命的契机。伽罗瓦的葬礼必须精心准备，不容任何意外。祭献一条生命是高昂的代价，计划不容有失。

伽罗瓦——智性与激情

图 25　1848 年据弟弟阿尔弗雷德所忆而绘的埃瓦里斯特·伽罗瓦肖像画

## 第五章　毫无意义的死亡

之后的数日,伽罗瓦既饱含激情,又怀着期待和恐惧。若不是明了自己的计划会遭受反对,乃至匆忙赶回巴黎劝说其放弃,他本会与挚友奥古斯特分享秘密。而实际所做的仅限于5月25日寄信,说的是对自己与斯特凡妮的爱情故事如何作结深感失望:

> 于人所知的最大幸福之源短短一个月间便告了结,我要如何告慰自己? 幸福与希望戛然而止,无疑燃尽了一生的份额。

对这一年的失望引出了:

> 切勿怜悯! 唯留仇愤。夫弗憎当下之人,无情于来日。

想到即刻将至的死亡,他说:

> 对你那残酷的预言,说我将不再工作,我可以表达质疑。但我必须承认,这并非毫无根据。

为不至于引起朋友的怀疑,信件以承诺作结:

> 我当在6月1日来访。期待6月的头两个礼拜里经常见面。15日我将赴太子妃区。

牺牲的日子已近在眼前。5月29日,与L.D.商讨已毕。将于次日拂晓会面,在怡人的让蒂伊(Gentilly)区格拉西埃(Glacière)池塘边。

写信以防他人了解实情的时刻已经到来。信件写得如此巧妙,以至于引出了伽罗瓦各种传记中不同版本的说法。最流行的莫过于决斗是真实的,是因为一位女士,亦或对手是一名警员,意图将其从政治版图中抹去。然而,真实的决斗不应使其如此确信自身的死亡。从信件中可以清晰地看出这一点。第一封信致全体共和志士(to all republicans):

> 恳请爱国的朋友们勿要责备我并非为国捐躯。
>
> 一个卖弄风骚的无情女人,我作为她和另两人的受害者而死,后

者同样受其毒害。我的生命在琐碎的流言蜚语间消逝。

为何死得轻于鸿毛,死得如此可鄙?

天可怜见,我无能为力,只得向挑衅低头,虽已万般避之。告诉无法平静受之的人们如此不详的真相,我深感后悔。我当带着清白的良心入墓,其上既无谎言,亦无爱国之鲜血。

永别!生命可贵,世间皆然。

原谅那些杀了我的人吧。他们是出于好意。

第二封信致 N. L.(Napoléon Lebon?)和 V. D.(Vincent Duchâtelet,还是 Vincent Delaunay?):

亲爱的朋友们,

两位爱国人士向我发起决斗……我无从拒绝。

恳请你们原谅,未能知会你们。

但我的对手们命令我**以我的名誉**起誓不告诉任何爱国者。

你们要做的事非常简单:证明我违背自身意愿而战,在万般妥协之后。也请为我作证,哪怕是在这样一件琐事上,我也不会撒谎。

记住我。在下有幸长生至为国所知的地步。

至死是你们的忠友。

令读者瞠目的是伽罗瓦对死亡的确信。他用了"作为……而死""入墓""永别""杀了我""至死"这些词。临末,赴亲手安排的悲哀死局之前,想必他为自己的数学,倘若被人理解的话,本可为他带来的盛名而悔。脑海之中仍是生机盎然,尽是思至半途的创造。有必要将其告诉某人。他只有数学可以留下了。于是给奥古斯特写了最后一封信,虽说他不可能真正理解其中内容,但不会拒绝施与挚友最后的恩惠:

我亲爱的朋友。我在数学分析领域有一些新发现。

## 第五章 毫无意义的死亡

他简要概括了寄存在科学院的纪要，它包含了如今以他的名字命名的理论，随后附上了一些新的定理和猜想，长达7页。他不无悔意地说道：

> 我没有足够的时间。我在这个领域的想法尚不充分，它浩瀚无边。

他作了如下请求：

> 去问雅可比和高斯，在公开场合问他们的意见。不是问这些定理正确与否，而是问它们是否重要。

一如计划，5月30日晨，一声枪响，25步之遥。伽罗瓦腹部中弹。肠道多处穿孔，但没有立即死亡。随后发生了什么？一位惊恐的L.D.赶上前去，亦或匆匆逃跑？

一个版本里是一行往市集的平民，另一说是皇家部队前士官，于上午9点30分发现倒在路边的伽罗瓦，将其送往科尚（Cochin）医院。

阿尔弗雷德得知后赶到他受伤兄弟的床头，但埃瓦里斯特甚至对他也不说实话，依与人民之友商定的口径，称袭击者是路易-菲利普的警员。5月31日周四，升天节，腹膜炎发作。鉴于伽罗瓦已濒临死亡，唤来了牧师，但他拒绝与之对话。

临终告别是对阿尔弗雷德说的。"且勿哭泣，"他说，"我得鼓足勇气才能在20岁之际面对死亡。"

当日上午10点，共和派需要的尸体就位了。

次日伽罗瓦身亡的简短消息见诸巴黎各报。唯里昂的君主立宪派报纸《先驱报》言及更多细节：

> 昨天，一场可悲决斗夺去了一颗最耀眼的科学新星，但震动世俗的名声不过政治耳耳。年轻的埃瓦里斯特·伽罗瓦……与一名旧友决斗，后者也是非常年轻，和他同为人民之友的成员……

伽罗瓦——智性与激情

在极近的距离，分别给两人一把手枪让其开火。

只有一把手枪是上了膛的。

数日前，人民之友成员德尼阿尔（Denuard）在圣安德烈德圣门（Saint-André-des-Arcs）街20号租下一处公寓，以供集会。密切监控着人民之友的警方生疑，封了门。6月1日，共和派破开门封，开会确定起义的最后细节。会间警监吉斯凯的手下突袭公寓，逮捕了30人。其余的人设法逃脱。次日正午约有3 000人聚在蒙帕尔纳斯（Montparnasse）墓地，只待棺椁入坟便对警方发起进攻。国民警卫队炮兵也随时待命。

人民之友的领袖普莱尼奥尔和皮内尔（Pinel）正为伽罗瓦致悼词，此时拉马克（Lamarque）将军的死讯传播开来。拉马克是拿破仑临终前任命的法军元

图26　青年时代的拉马克将军

## 第五章 毫无意义的死亡

帅。政治计算当场上演。老将军坟前将有人数多得多、情绪也更激烈的人群。何不利用这第二具尸体带来的机会,将起义稍稍推迟几天?顷刻之间作出了决定,于是仓促的葬礼悄然告终。埃瓦里斯特·伽罗瓦死得毫无意义。

科学院拒绝的那份纪要在 14 年后方得出版。今天,它已成为近世代数的基石。

图 27　埃瓦里斯特·伽罗瓦纪念碑,皇后镇公墓。背后是尺寸相仿的伽罗瓦家族墓,处境堪忧。

# 埃瓦里斯特·伽罗瓦的数学工作

乍看起来,埃瓦里斯特·伽罗瓦的数学贡献并不重大,如果我们对其现存作品进行简单计数——它们不过百页而已。是其暗含的进一步展开标志着它们深远的重要性与独创性。伽罗瓦零碎而集大成的行文极难阅读,以至于有些段落至今尚待完满的解读。仅有5篇文章于生前发表,余下皆见世于死后。无疑,呈现伽罗瓦工作的最好方法是遵循作者自己的细分,如其于1832年5月29日致奥古斯特·舍瓦利耶的信中所述:

> 在分析方面我做了几件新事情。有些是关于方程理论的,另一些是关于积分函数的。
>
> 就方程理论而言,我尝试找出方程根式可解的条件,有幸得到彻底的结果,可以描述一个方程所有可能的变换,哪怕不是根式可解的方程。
>
> 就这一内容,我应该可以写三份纪要。

## 1

也许伽罗瓦没有提及自己的第一篇文章是因为认为它不过是学生的练习之作。确切地讲,他那篇发表于热尔戈纳的《数学年鉴》(*Annales de Mathématiques*)第19

卷(1828—1829)，题为"周期性连分数定理的证明"（Démonstration d'un théorème sur les fractions continues périodiques）的文章即便小有意思，也与后来这位法国天才标志性的大胆想法毫无干系。

在《无穷分析引论》（"*Introductio in analysin infinitorum*"，1748）中，欧拉率先证明如果一个二次代数方程的系数是有理数，那么方程的任一根可表示为局部分子皆为1且局部分母皆正的周期连分数，反之亦然。1770年拉格朗日在他的"关于解数值方程的备忘录补篇"（Additions au mémoire sur la résolution des équations numériques）中再度考虑了该问题。

清楚拉格朗日的工作，伽罗瓦在自己的文章中证明了：

> 若任意次方程的一根是周期（非预周期）连分数，则该方程必另有一根为同周期的周期连分数，即-1除以该连分数的倒序的商。

证明定理时伽罗瓦仅限于考虑四周期，"因为演算的一致过程表明更多项的情形也一样"（because the uniform course of calculus proves that if we admitted a greater number [of terms] then nothing would change）。

所以他证明的是若有根

$$A = a + \cfrac{1}{b + \cfrac{1}{c + \cfrac{1}{d + \cfrac{1}{a + \cfrac{1}{b + \cdots}}}}}$$

则

$$-\frac{1}{B} = \cfrac{1}{d + \cfrac{1}{c + \cfrac{1}{b + \cfrac{1}{a + \cfrac{1}{d + \cfrac{1}{c + \cdots}}}}}}$$

也是方程的根。随后他证明了

$$若 A > 1 则 -1 < -\frac{1}{B} < 0$$

以及

$$若 -1 < A < 0 则 -\frac{1}{B} > 1,$$

因此

当二次方程的一根为大于 1 的周期(非预周期)连分数时,另一根在 0 和 $-1$ 之间;反过来,若一根是 0 和 $-1$ 之间的周期(非预周期)连分数,则另一根大于 1。

可以证明,若二次方程的一根在 0 和 $-1$ 之间且另一根大于 1,则它们可以表示成周期(非预周期)连分数。

证明之后,伽罗瓦注意到

若二次方程的一根不仅是周期(非预周期)连分数,还是对称的 (but also symmetric, that is the terms of the period are equal at equal distance from the extremes),那么 $B = A$,从而两根分别为 $A$ 和 $-1/A$,方程即

$$Ax^2 - (A^2-1)x - A = 0.$$

反过来,任何形如

$$ax^2 - bx - a = 0$$

的二次方程必有周期(非预周期)且对称的根。

文章以将上述结论应用于 $3x^2 - 16x + 18 = 0$ 作结。

## 2

回到致舍瓦利耶的信。我们注意到伽罗瓦并未提供任何事关自己第一份

纪要的信息，只是说

> 第一份已经写出。不管泊松怎么说，我当保留它，连同所作的订正。

他说的是自己数度呈递科学院的那份纪要，在前面的章节里我们已充分提及。这份纪要阐述了今天称之为伽罗瓦理论的内容，几乎所有后续代数研究都可以认为是基于其上。手稿与作者的其余文章一同作为位于巴黎的法兰西学院图书馆的 Ms. 2108 号文档留存。文本包括一份署时 1830 年 9 月的"Discours préliminaire（初步讨论）"，三张署有作者签名和 1831 年 1 月 16 日的 25 厘米×38 厘米（大约 10 英寸×14 英寸）的大纸，约 10 张碎片以及第一命题与第五命题的粗糙拷贝。

在"Discours préliminaire"中，伽罗瓦就阅读纪要将遇到的困难对读者发出警告：

> 我们可以断言，在纯分析中，没有比这更模糊，也许也没有更孤立的主题了。这一主题使采用新的记号和新的字符变得必要。我们毫不怀疑这一障碍从最初的段落开始就惹恼读者，后者难以原谅作者利用自己的信任述说一种新的语言。然而最终我们不得不向必要性妥协——其重要性大概值得些许关注。

> 给定一任意系数代数方程，可以是数值的也可以是字母的，鉴别其根能否用根式表达。我们对这个**问题**给出完整的解答。

> 现在，如果你给我一个任意指定的方程，想知道它是否根式可解，我当仅限于为你指出回答你的提问的方法，既不想指派自己也不想指派别人来施行。简而言之，计算是不可及的。

> 从这一点来看，好像从我们提出的解答得不到什么益处。

> 如果**问题**是从这个角度自然产生，那么确实如此。但是多数情况下，在代数分析的应用中，我们简化到那些从一开始就知晓所有性

质的方程——由这些性质，总能轻而易举地回答**问题**，利用我们接下来揭示的规则。

我们通过一些突出的段落回顾纪要的内容。对读者而言，它们并不总是**清晰**的。最好的评语当是与后世作者们的行文进行可能的比较——他们在澄清和传播伽罗瓦思想的过程中也遇到了相同的困难。

首先，伽罗瓦给出可约方程的定义——有有理因子的方程，也即，可表为其系数在方程系数生成的域中的多项式的积的方程（an equation having rational divisors; that is an equation whose first member can be written as a product of polynomials having coefficients in the field generated by the coefficients of the equation）。伽罗瓦指明：

> 读者想必同意，将所有一定数量预先给定的量（元素）的有理函数视为有理，以为**前提**。(… one can agree to regard as rational all rational functions of a certain number of determined quantities, supposed to be known *a priori*.)

我们可以说伽罗瓦不加定义地使用域和扩张的概念。关于通过添加方程系数生成的域外的元素得到的扩张，他简单地说：

> 我们称这些量被**添加**（adjoined）进方程。按上述约定，我们现在称可表为方程系数与一定数量的任意给定的添加进去的量的有理函数的量有理。

纪要中替换（substitution）的定义显然就是柯西所给的定义，但伽罗瓦是数学史上第一位考虑对乘法封闭的替换集合之人，他将这样的集合命名为群（group）。这也是数学文献中第一次以不同于集合的含义使用这个词。事实上，伽罗瓦说：

> 当我们想把替换集结成群时，我们让它们均出自同一置换

（permutation）……若替换 $S$ 和 $T$ 在一群中,则肯定地有替换 $ST$ 也在其中。

给出这些初始定义后,伽罗瓦列举了 4 条引理。第一条引理说一个方程不可能与一"有理"方程有公共根,若其并非后者的因式。第二条引理说:给定无重根的方程,总存在关于这些根的函数,使得通过所有可能的方式置换这 $m$ 个根,该函数具有 $m!$ 个不同的值。

记这些根为 $a,b,c,\cdots$,伽罗瓦举出了函数 $V=Aa+Bb+Cc+\cdots$ 为例,其中 $A,B,C,\cdots$ 为适当选取的整数。引理三,正如伽罗瓦提醒我们的,是阿贝尔死后面世的关于椭圆函数的纪要中清晰阐述过的一条性质。在手稿左边沿有不同的笔迹(可能是泊松的),记有如下观察:

> 这一引理的证明不够充分,但它是正确的,根据 1771 年拉格朗日于柏林所写纪要的第 100 条。

其下有伽罗瓦自己的笔迹,写的是:

> 我们逐字逐句转录了 1830 年呈递的纪要中我们给出的对这一引理的证明。作为历史记录,我们附上这一注释……泊松先生感到他有必要记上这么一笔。
>
> 它将得到评估。

伽罗瓦之后的作者在各自教学性质的阐述中实际上忠实遵循了拉格朗日的注记,是故在此我们完整地抄录伽罗瓦自己的表述:

> 设函数 $V$ 选取如上,那么它具有给定方程的所有根可表为 $V$ 的有理函数这样的性质。
>
> 记 $V=\varphi(a,b,c,d,\cdots)$,或者说 $V-\varphi(a,b,c,d,\cdots)=0$。
>
> 第一个字母固定,其余字母置换,全部乘起来,得到关于 $b,c,d,\cdots$ 对称的 $(V-\varphi(a,b,c,d,\cdots))\times(V-\varphi(a,c,d,b,\cdots))\times$

$(V-\varphi(a,d,b,c,\cdots))\cdots$，①

从而也可写成关于 $a$ 的函数。因此我们有形如 $F(V,a)=0$ 的方程。

断言：可以从它得到 $a$ 的值。为此只需寻找这个方程与给定方程的公共根。这是因为，不可能有诸如 $F(V,b)=0$——注意到这个方程与同形式的方程有一公因式——除非 $\varphi(a,\cdots)$ 之一等于 $\psi(b,\cdots)$ 之一，而这与假设矛盾。

由此得到 $a$ 可表为 $V$ 的有理函数，其余根同理。

最后引理四说，记以 $V$ 的 $m!$ 个不同的值为根的方程的一个不可约因子的根为 $V,V',V'',\cdots$，若 $a=f(V)$ 是所设 $f(x)=0$ 的一个根，则 $f(V')$ 也是。

至此，伽罗瓦认为可以开始揭示其理论。命题一是：

记给定方程的 $m$ 个根为 $a,b,c,\cdots$ 总是存在（以 $a,b,c,\cdots$ 的置换（为元素）的群，具有如下性质：

1. 任何在群中的替换下不变的函数不变量是有理的；

2. 反过来，任何可有理地确定（在扩域中）的根的函数在这些替换下不变。

正是在这个定理的证明中，伽罗瓦构造了方程的群，特别是运用了引理三和引理四的构造。

事实上，他考虑以 $V$ 为一根的不可约方程，记

$$\varphi V, \quad \varphi_1 V, \quad \varphi_2 V, \quad \cdots, \quad \varphi_{m-1} V$$

为其根。随后，用该不可约方程的其余根代替 $V$，得到

---

① 传记原文为：$(V-\varphi(a,b,c,d,\cdots))(V-\varphi(a,b,c,d,\cdots))\times\times(V-\varphi(a,b,c,d,\cdots))\cdots$。——译注

$$\varphi V', \quad \varphi_1 V', \quad \varphi_2 V', \quad \cdots, \quad \varphi_{m-1} V'$$
$$\varphi V'', \quad \varphi_1 V'', \quad \varphi_2 V'', \quad \cdots, \quad \varphi_{m-1} V''^{①}$$
$$\cdots \quad \cdots \quad \cdots \quad \cdots, \cdots$$
$$\varphi V^{(n-1)}, \quad \varphi_1 V^{(n-1)}, \quad \varphi_2 V^{(n-1)}, \quad \cdots, \quad \varphi_{m-1} V^{(n-1)}$$

每一行是所设方程的根的一个置换,因此相邻两行是一个替换。这个群恰由从一行到另一行的替换组成。

陈毕,伽罗瓦称:

> 断言这个(以)置换(为元素的)群具有所述性质。

随后是定理的证明。后来的作者们以几乎相同的形式重复这个证明。

观察到整个纪要中"置换"和"替换"的用词有些不确定。正如刚才看到的,伽罗瓦谈及一个以置换为元素的群,但陈述定理时他也用了"群中的替换"的表达。不过,有很多增删痕迹,而在一张大纸的边缘下面这行字依稀可辨:

> 把所有置换改成替换。

伽罗瓦从未定义以置换为元素的群,但他确实定义了以替换为元素的群。实际上,他没有采用柯西的记号 $\begin{bmatrix} A_1 \\ A_2 \end{bmatrix}$,虽然他肯定知道。他总是只写替换的第二行 $A_2$,即替换的结果。这就是说,哪怕所想的是一个替换,他也使用"置换"一词,因为他所指的仅是作为结果的置换。

命题二的证明极为简略,其中隐含了理论的许多要点,很多年后在其他作者的作品中得到澄清。它说:

> 将一辅助不可约方程的根 $r$ 添加到给定方程中,则

---

① 传记原文为 $\varphi V, \varphi_1 V, \varphi_2 V, \cdots, \varphi_{m-1} V$。——译注

(1) 要么方程的群不变，要么它可分为 $p$ 个群，它们分别属于添加了辅助方程的一根的给定方程；

(2) 将同样的字母替换施加到所有前者的置换上，这些群中的一个就变成另一个（these groups will have the remarkable property that one will pass from one to the other in applying the same substitution of letters to all the permutations of the first one）。

这 $p$ 个同阶（元素数目相同）的群彼此共轭。

定理三说：

若把一辅助方程的所有根添加到方程中，则定理二中的诸群均含相同的替换（作为元素）。

这意味着方程的群简化为 $p$ 个共轭群的交。

陈述定理后，伽罗瓦简单地说：

它会得到证明。

定理四叙述如下：

若把一关于方程其根的特定函数所取**数值**添加到方程中，方程的群将简化成只含那些保持这一函数不变的置换。

至此，作者作为定理五提出了问题：

方程何时是简单[①]根式可解的？

定理五的后续，即对问题的回答，有两个版本。一个与纪要有关，另一个出现在一份多有擦除痕迹的粗糙拷贝中。后者虽然与官方版本非常类似，稍显不那么简略，因此是我们此处决定抄录的版本：

令 $G$ 为一根式可解方程的群。我们来看这个群满足的条件。我们

---

[①] 开素数次方。——译注

依循这个解中可能的运算序列,将开出每个一次根视作不同的运算。

把这个解中开出的第一个根式添加到方程中,发生下面两种情况之一:要么方程的群降阶(可分解);要么它不变,这次开根只是简单的准备。

在一定次数的开根之后,方程群总会降阶,不然方程就不可解了。

所以,在添加——如有必要,一定数目的——不使方程群降阶的根式量后,将面临这样的时刻,一次简单开根就会使方程群降阶。

如果在这个时刻有多于一种通过简单开根使方程群降阶的方式,有必要仅考虑所有添加后会使方程群降阶的简单根式中次数尽可能低的一个根式。

设 $p$ 为表达这个最低次数的素数,方程群通过一次开 $p$ 次方根降阶。

我们总可以假设,至少就事关方程群的方面来看,在我们之前添加进方程的那些量之中,存在一个单位元 $\alpha$ 的 $p$ 次根;因为这一表示是通过开低于 $p$ 次的根得到,添加它无论怎么看都不会改变方程群 $G$。令 $V$ 为根式的值之一。

令 $H$ 为添加了这个量后的方程群,则在 $H$ 中替换下不变的函数不变量都是已知的(都在扩域中)。

因此,将群 $G$ 分成 $p$ 个类似的有相同替换的群 $H$ 是必要的。

这就是所讨论的根式使方程群降阶为一个 $p$ 阶子多重群(子群)的条件。现在把这个根式添加到方程中,我们当有一方程,其群就是 $H$。

对这个群,我们可以同理操作下去,一直这样进行,最终就得到一般的条件。

其方程根式可解的群 $G$ 得能分成素数多个类似和相同的群 $H$。

然后这个群 $H$ 得能分成素数多个类似和相同的群 $K$,循环往复，直至我们得到一个特定的群 $M$，它只含素数多个替换，别无其他。

反过来，如果群 $G$ 满足上述条件，那么方程是根式可解的。

伽罗瓦所给根式可解性条件的结论完全等价于，用近世代数的话来说，方程群为可解群是方程根式可解的充分必要条件。

读者面对的困难之一是伽罗瓦用"群"一词指代的不仅仅是群，还有子群、陪集和商群。上面引文中的群 $H,K,\cdots,M$ 实际是陪集。而伽罗瓦说的"类似和相同的"意思是它们的元素数目相同。称每个群分成的陪集的个数必须是素数等价于说序列中所有前面的群模掉后面的群的商群的阶是素数。

就"类似和相同的"群如何分解，作者以一般四次方程为例说明：

很容易在已知的一般四次方程的解中观察这一过程。这些方程是通过解一个三次方程预解式来求解的，后者本身需要开一次平方根。自然的想法是，从这个平方根入手。但把这个平方根添加到四次方程中时，总共包含 24 个替换的方程群分解为 2 个只包含 12 个替换的群。设根为 $a,b,c,d$，则其中一个群是：

$$abcd, \quad acdb, \quad adcb,$$
$$badc, \quad cadb, \quad dacb,$$
$$cdab, \quad dbac, \quad bcad,$$
$$dcba, \quad bdca, \quad cbda;\text{①}$$

---

① 传记原文如此。应为

$$abcd, \quad acdb, \quad adbc,$$
$$badc, \quad cabd, \quad dacb,$$
$$cdab, \quad dbac, \quad bcad,$$
$$dcba, \quad bdca, \quad cbda,$$

每一列至右一列为第一个字母不变的三轮换 ①②③④ → ①③④②，每一列中一二行和三四行间为可逆的 ①②③④ → ③④①②，每一列一二行间及三四行间均为可逆的 ①②③④ → ②①④③。写出的 12 个与未写出的 12 个之间为可逆的 ①②③④ → ②①③④。——译注注意到中间一列的第二个置换包含着一处无心的错误,事实上正确的置换不应是 $cabd$,而是 $cadb$①。很有意思地,若把三列之一中的任何置换看成初始置换,一列为子群,另两列为其陪集;在每一列中若把列中任意置换本身看成初始置换,则每一列是子群。

伽罗瓦继续道:

> 现在这个群本身分为 3 个群,如定理二和定理三所指出的。因此,开一次三次方根后只留下群
>
> $$abcd,$$
> $$badc,$$
> $$cdab,$$
> $$dcba;$$
>
> 而这个群又分解为两个群
>
> $$abcd, \qquad cdab,$$
> $$badc, \qquad dcba;$$
>
> 于是,再一次开平方根后,留下
>
> $$abcd,$$
> $$badc;$$
>
> 而这可由一次开平方根解决。

接下来的定理即定理六、定理七和定理八是关于将条件应用于素数次不可约方程的。

首先,伽罗瓦构造与它们关联的群。记方程的根为 $x_1, x_2, \cdots, x_p$,关联的群简要来说就是由 $p(p-1)$ 个下面这种替换组成:

---

① 传记原文如此。——译注

$$\begin{Bmatrix} x_1, & x_2, & x_3, & \cdots & x_p \\ x_{\rho(a+b)}, & x_{\rho(2a+b)}, & x_{\rho(3a+b)}, & \cdots & x_{\rho(pa+b)} \end{Bmatrix}.$$

其中 $1 \leqslant a \leqslant p-1$,$0 \leqslant b \leqslant p-1$,$\rho(z)$ 表示 $z$ 被 $p$ 除所得余数。

此时方程根式可解的条件由下面定理给出：

一素数次不可约方程根式可解当且仅当一旦知道任意两根，其余根可以有理地从它们推出（包含在添加它们后的扩域里）。

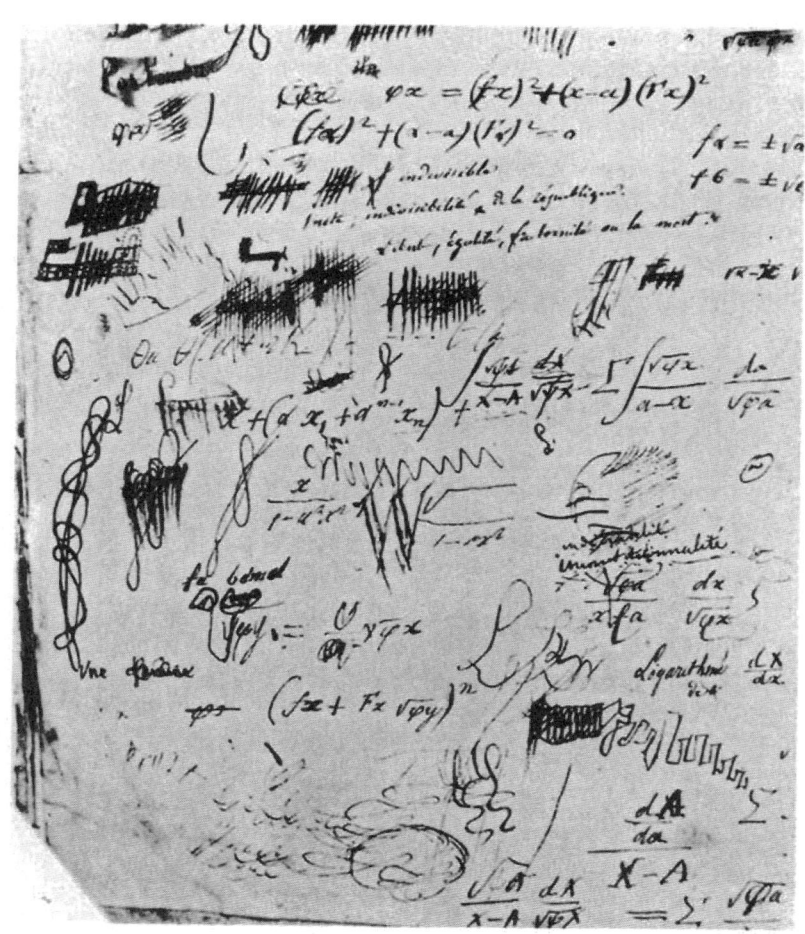

图28　伽罗瓦的涂鸦，其中"自由、平等、博爱或者死亡"的字样清晰可辨。手稿第179b页。

极端简略且缺乏形式是伽罗瓦工作的特征，以致达尔马斯（Dalmas）说它不能被当成正式的行文，只能作为"那种最终成文前的高强度智力活动"。

非凡的直觉令伽罗瓦以非常随意的方式运用诸如子群、正规子群和商群的概念。因此在这份纪要中既无其名，亦无定义。

我们看到了"子多重群（submultiple group）"。而在写有寥寥数行的一张碎片上，可以读到

> 若一群包含于另一群，后者将是与前者类似的数个群之和（并集），称前者为因子（divisor）。

**3**

第二份纪要则需要更复杂的拼图。按伽罗瓦自己的说法，它包含

> 某些多少有些奇特的方程理论应用。

伽罗瓦认为自己的第二份纪要中包含两个不同的问题，一是根式可解条件于他称之为"本原（primitive）"方程的应用，二是代数方程理论于椭圆函数模方程的应用。

> 1830 年 6 月，我为《费吕萨克通报》（*Bulletin de Férussac*）写了一份关于数的理论中虚数的分析，作为根式可解本原方程理论的一个引理。

被伽罗瓦指定为"一个引理"的那篇文章题为"Sur la théorie des nombres"（论数论），关注的是次数 $>1$ 的 $Fx \equiv 0 \pmod{p'}$（$p'$ 为一素数）的解（is devoted to the solution of the congruences of a variable of degree $>1$, module a prime number）及其于本原方程理论的应用。

虽然在致舍瓦利耶的信中没有提及，另有一篇于 1830 年 4 月发表于同一期刊的文章当归属于第二份纪要，不仅因为它处理与这份纪要相关的问题，实

际上伽罗瓦自己在六月的文章里提到"四月时在《通报》给出的条件"。这是一篇非常简短的文章,不过两页,题为"Analyse d'une mémoire sur la résolution des équations"(关于方程解的分析研究),除本原方程的定义外包括要证明的结果清单,其中既有关于本原方程的也有关于椭圆函数模方程的。

题为"Des équations primitives qui sont solubles par radicaux"(可以用根式求解的本原方程)的手稿包含关于本原方程的两个定理——它们在致舍瓦利耶的信中被清楚地指出——的证明,属于第二份纪要。显然并未完成的这份手稿于1846年和第一份纪要的3张大纸一道由刘维尔在《纯粹与应用数学杂志》(*Journal de mathématiques pures et appliquées*)出版。

在分析上述各篇文章之前,让我们继续阅读他致舍瓦利耶的信,因为作者在引入本原方程前给出了一个有趣的定义。伽罗瓦说:

> 当一个群 $G$ 包含另一群 $H$ 时,群 $G$ 可分成若干个群,其中的每一个通过在 $H$ 的置换上施行同样的替换得到,满足
> $$G = H + HS + HS' + \cdots$$
> 同时,它可分解为拥有相同替换的群,满足
> $$G = H + TH + T'H + \cdots$$
> 多数情况下,这两个分解不是同一个。当它们确为同一个时,称该分解为正则的(proper)。

在这个定义中,我们提请注意分解而非子群的特殊性。是乎这一定义与今日大学教师呈现给学生的正规子群的定义毫无二致。

在1830年4月的文章中,伽罗瓦以给出本原方程的定义开篇:

> 若次数为 $mn$ 的方程只通过一个 $m$ 次方程分解成 $m$ 个次数为 $n$ 的因子,称该方程为非本原方程。它们是高斯型方程。本原方程即那些不能如此简化的方程。

高斯型方程来自《算术研究》(Disquisitiones Arithmeticae，1801)第七部分研究的形如 $x^n-1=0$ 的方程。设 $n$ 为奇素数，则方程 $x^n-1=0$ 只有一个实根 $x=1$，其余皆为虚数根，由 $X=x^{n-1}+x^{n-2}+\cdots+x+1=0$ 给出。记该方程的解集为 $\Omega$。高斯证明了 $n$ 为奇素数时拥有方程 $x^n-1=0$ 的所有 $n-1$ 个本原根的方程 $X=0$ 是不可约的。实际上这一结果可推广为：$n$ 为任意正整数时以 $x^n-1=0$ 的所有本原根为根的方程是不可约的。

伽罗瓦在非本原方程的定义中提到高斯型方程时所指的正是形如 $x^{n-1}+x^{n-2}+\cdots+1=0$ 的方程，其中 $n$ 为奇素数。事实上高斯解 $n$ 为奇素数时 $X=0$ 的想法即将方程逐步分解为数目越来越多的方程，使得这些方程的系数可通过尽可能低次的方程确定，直至得到集合 $\Omega$ 中的根。

高斯证明了若 $n-1$ 可分解为整数因子，比如说素因子 $\alpha$，$\beta$，$\cdots$，那么求方程 $X=0$ 的解简化为求 $\alpha$ 个 $(n-1)/\alpha$ 次方程的解，其系数通过一个 $\alpha$ 次方程确定。同理，求每个 $(n-1)/\alpha$ 次方程的解又可简化为求 $\beta$ 个 $(n-1)/\alpha\beta$ 次方程的解，以此类推。

记 $\alpha$，$\beta$，$\cdots$ 的数目为 $\nu$，则求 $\Omega$ 中的根归为分别求次数为 $\alpha$，$\beta$，$\cdots$ 的 $\nu$ 个方程的解。

因此根据高斯的分析，$n$ 为奇素数时的方程 $X=0$ 不仅是不可约的，而且合乎伽罗瓦所给的非本原方程的定义。

我们观察到在伽罗瓦所给定义中"不可约"一词并未出现。无论如何，作者很清楚本原与非本原方程是对不可约方程而言的，以至于在其后续文章中使用了与这些方程关联的群的可迁性。

今天可以把本原方程定义为其关联的群是本原群的方程。

文章继给出定义后，不加证明地列出了 3 个定理。

第一个定理与第一份纪要的定理八非常相似，是关于一类特别的本原方程即素数次不可约方程的。

一素数次方程根式可解当且仅当一旦知道任意两根，其余根可以有理地从它们推出。

和定义中一样，这里没有"不可约"一词。可以假定，伽罗瓦认为，若方程是可约的，则其群是不可迁的且其根会被分成数个可迁系统，使得方程的群是单系统上可迁子群之并，每个子群对应于方程的一个不可约因子。是故在他研究方程根式可解性时伽罗瓦仅限于考虑不可约方程而不显式地提及。

第二个定理说

要使一本原方程根式可解，需 $m = p^{\nu}$，其中 $p$ 是一素数。

第三个结果从严格的现代观点来看非常有趣：

除下面所列的情形，一个 $p$ 次本原方程根式可解的必要条件是一旦知道任意两根，其余根可以有理地从它们推出。

事实上，伽罗瓦发现了一些用他的话来说是哪怕与一般规则"差别极小"，但无论如何还是特例的情形。它们是：

1  $m = p^{\nu} = 9$ 或 $25$；

2  $m = p^{\nu} = 4$ 以及一般地，$a^{\alpha}$ 是 $(p^{\nu}-1)/(p-1)$ 的因子的情形。此时，$a$ 为素数，$(p^{\nu}-1)\nu/a^{\alpha}(p-1) \equiv p \pmod{a^{\alpha}}$。

伽罗瓦说，在这第二种情形，必要条件不是"一旦知道任意两根，其余根可以有理地从它们推出"，而是"一旦知道任意两根，其余根可以通过一些 $p$ 次根，其数量等于 $(p^{\nu}-1)/(p-1)$ 的形如 $a^{\alpha}$（$a$ 为素数）且 $(p^{\nu}-1)\nu/a^{\alpha}(p-1) \equiv p \pmod{a^{\alpha}}$ 的因子的数目，从它们推出"。

文章以其理论于椭圆函数模方程的应用作结：

1  令 $K$ 为椭圆函数的模，$p$ 为给定的大于 3 的素数。若对 $p$ 变形的给出函数的不同的模的 $p+1$ 次方程根式可解，则要么其一根可有理地推出，要么所有根是彼此的有理函数（in order for the

degree $p+1$ equation which gives the different modules of the functions transformed in relation to the number $p$, to be solvable by radicals, one of the following two conditions is necessary: either one of the roots is rationally known, or all the roots are rational functions of each other.)。当然,这只关乎模 $K$ 的特定的值。显然一般而言这是不成立的。这一规则对 $p=5$ 不适用。

2 应注意到一般的六次模方程,其对应的数字是5,可降为其可简化成的五次方程之一。与此相反的是,对更高次而言,模方程不可降次(It should be noticed that the general modular equation of the sixth degree, corresponding to number 5, can be lowered to one of the fifth degree of which it is the reduced. On the contrary, for higher degrees, modular equations can not be lowered.)。

后一条并不正确。伽罗瓦自己在致舍瓦利耶的信中改变了看法,称从 $p+1$ 次降为 $p$ 次不仅对 $p=5$ 可行,在 $p=7$ 和 $p=11$ 时也是。$p>11$ 时依然不可能。

有趣的是,在这第一篇文章中,即使作者未尝言及每个方程可关联一个群,更不提根式可解性的一般判则,他还是腼腆地声明:

所有这些命题自置换的理论推出。

在1830年6月文章的第一部分,作者发展了将被称为"伽罗瓦虚数"的理论。

在代数计算中,若视所有一给定素数 $p$ 的倍数为0,在这一约定下寻找一代数方程 $Fx=0$ ——高斯记之为 $Fx\equiv 0$ ——的解时,通常人们只考虑这种问题的整个解集。考虑特定情形互不同余的解的全体,我获得了一些我认为是新的结果。

给定一个这样的方程或者说同余式 $Fx\equiv 0(\bmod p)$。让我们首先假定,为简洁计,问题中的同余式没有任何不同余于0的因子,就是说不存在3个函数 $\varphi x,\psi x,\chi x$ 使得

$$\varphi x \cdot \psi x = Fx + p\chi x$$

成立。在这种情况下,同余式不会有任何整根,甚至没有任何更低次数的不同余于 0 的根。因此,有必要视这一同余式的根为一种虚数符号——既然它们不满足整数的要求——在计算中它们的用处会像 $\sqrt{-1}$ 在通常的分析中的用处一样大。

我们关心这些虚数的分类及其能简化到的最小个数。

文章的第二部分将所得结果应用于代数方程理论。

尤其在置换理论中——在那里,时时需要改变指标的形式——将同余虚根纳入考量看起来是不可或缺的。它给出了一种辨别本原方程何时根式可解的简单方法,我当在此略加解释。

在前一篇文章中,伽罗瓦已经指出——虽然没有证明——根式可解的本原方程的次数是素数的幂。因此,现在讨论本原方程根式可解性时他只考虑次数形如 $p^\nu$ 的方程。

首先,作者假定 $\nu=1$,得益于其对同余的研究,有结论:$p$ 次不可约方程根式可解当且仅当——记方程的 $p$ 个根为 $x_k$,其中 $k$ 取由同余式 $k^p \equiv k \pmod{p}$ 给出的 $p$ 个值——其关联群由所有形如

$$\begin{bmatrix} x_k \\ x_{(ak+b)^{p^r}} \end{bmatrix}$$

的替换组成,其中 $a$,$b$ 满足 $a^{p-1} \equiv 1$,$b^p \equiv b \pmod{p}$,$r$ 为一整数。

伽罗瓦尝试推广这一结果至 $p^\nu$ 次本原方程,即要证明:

一 $p^\nu$ 次本原方程根式可解当且仅当——记方程的 $p^\nu$ 个根为 $x_k$,其中 $k$ 取由同余式 $k^{p^\nu} \equiv k \pmod{p}$ 给出的 $p^\nu$ 个值——其关联群由所有形如

$$\begin{bmatrix} x_k \\ x_{(ak+b)^{p^r}} \end{bmatrix}$$

的替换组成，其中 $a,b$ 满足 $a^{p^\nu-1}\equiv 1, b^{p^\nu}\equiv b(\mathrm{mod}\, p)$，$r$ 为一整数。我们观察到，这等价于说：

一 $p^\nu$ 次本原方程根式可解当且仅当——记方程的 $p^\nu$ 个根为 $x_{k,l,m\cdots}$，其中 $k,l,m\cdots$ 取 0 到 $p-1$ 的值——其关联群由所有形如①

$$\begin{pmatrix} x_{k,l,m\cdots} \\ x_{\rho(ak+bl+cm+\cdots+h),\,\rho(a'k+b'l+c'm+\cdots+h'),\cdots} \end{pmatrix}$$

的替换组成，其中 $1\leqslant a,a',\cdots,b,b',\cdots,c,c',\cdots\leqslant p-1$，$0\leqslant h,h',\cdots\leqslant p-1$，$\rho(z)$ 为 $z$ 被 $p$ 除的余数。

伽罗瓦的证明远非详尽。不过，在致舍瓦利耶的信中，继再次肯定该条件的必要性之后，就其充分性，他说道：

> 我在《费吕萨克通报》指出的方程根式可解的条件过于受限。特例不多，但确实存在（the condition I indicated in the Bulletin de Férussac in order for the equation to be solvable by radicals is too restricted. There are few exceptions, but they exist）。

手稿没有写完，作为第二份纪要的一部分，也没有日期。不过，既然伽罗瓦说他意识到了与一次数 $p$ 本原方程关联的群的替换的线性性并不保证方程的根式可解性，它肯定写于 1830 年 6 月发表的文章之后。

我们试着找出，一般地，本原方程何时根式可解。现在，我们可以确定一种基于方程次数的一般特征。

这一特征是：

要使本原方程根式可解，必要条件是它的次数可表示成素数

---

① 传记原文为形如

$$\left( \begin{matrix} x_{k,l,m\cdots} \\ x_{\rho(ak+bl+cm+\cdots+h),\,\rho(a'k+b'l+c'm+\cdots+h')} \end{matrix} \right)$$

的替换。——译注

的幂。

而由此出发立即得到：解一次数有不同素因子的不可约方程只能通过高斯的分解来进行，否则方程就是不可约的。(And from this it will immediately follow that, when an irreducible equation whose degree could admit different prime factors has to be solved, it cannot be done except by using the method of decomposition we owe to Gauss; otherwise, the equation will be irreducible.)

为建立我们陈述过的与本原方程根式可解相关的一般性质，我们不妨假定要解的方程是本原的且在添加一简单根式之后便不再是本原的。

这里修饰"根式"的形容词"简单(simple)"意指其为素数次的，与"复合(compound)"相对。添加一简单根式意即原方程的有理域通过方程 $x^n - k = 0$ 的一根进行扩张，其中 $n$ 为素数，$k$ 在原方程的有理域中。

换句话说，我们假定方程的群分为 $n$ 个不可约群，这里 $n$ 是素数，它们彼此共轭，不本原。这就是为何除非方程次数是素数这样的一个群总会在分解序列中出现。

记方程关联的群为 $G$，$G$ 添加简单根式后简化成的子群为 $H$，那么 $n$ 个彼此共轭的群是指 $H$ 在 $G$ 中的陪集，其数量恰为 $n$ 是因为 $H$ 在 $G$ 中的指标等于用来扩张有理域的二项方程的次数。对这些群，作者饰以"不可约"和"非本原"——至此只对于方程引入了这两个词。

令 $N$ 为方程的次数，我们假定，在一次开素数 $n$ 次方根后，方程变成非本原的且仅通过一个 $Q$ 次方程分成 $Q$ 个本原的 $P$ 次方程。

仅通过一个 $Q$ 次方程将原方程分解为 $Q$ 个 $P$ 次方程等价于，在群 $H$ 中，将替换作用于其上的根分成 $Q$ 个非本原系统，各含 $P$ 个根。假定 $Q$ 个 $P$ 次方程是本原的，这等价于默认 $Q$ 个由 $P$ 个根组成的非本原系统包含最小数目的根且它们不能被分成包含少于 $P$ 个根的子集，使得它们是关于 $H$ 的非本原系统。

> 若称方程群为 $G$，这个群得能分成 $n$ 个非本原共轭群，其字母安排成各由 $P$ 个在一起的字母组成的系统。(If we call $G$ the equation group, this group will have to be divided into $n$ non-primitive conjugated groups where the letters will be arranged into systems each composed of $P$ joined letters.)

因此，伽罗瓦脑中清楚一非本原不可约方程关联的群 $H$ 的性质——"各由 $P$ 个在一起的字母组成的系统"是 $H$ 的非本原系统。

随后作者分析了这一系统中根的分解的序列，以观察"有多少种分解方式"。就是说，伽罗瓦希望证明，无论如何选取两根，有且仅有一种 $H$ 分为各含 $P$ 个根的非本原系统的分解，使得选定的两根属于同一系统。

伽罗瓦的证明完全不清晰。不过，若尔当(Jordan)后来证明了，虽然前者的推理中有太多鲁莽之处，结论基本是正确的。

因此，可以把群 $H$ 中替换作用于其上的 $N$ 个根分配为 $Q$ 个系统，各含 $P$ 个根。

伽罗瓦的 $N$ 是 $P$ 的幂的结论不管怎么说还是颇为草率。

下面的表述给出了 $H$ 的替换看起来是什么样的信息：

> 于是，归功于前面所做的，可以看出在群 $H$ 中所有的替换均具有
>
> $$[\alpha_{k_1, k_2, k_3, \cdots, k_\mu}, \alpha_{\varphi(k_1), \psi(k_2), \chi(k_3), \cdots \sigma(k_\mu)}]$$
>
> 的形式，因为每个指标对应于一个在一起的字母的系统（because each index corresponds to a system of joined letters）。

至此，还要证明的是 $P$ 是素数。

若 $P$ 不是素数，用一定数量的新指标替换每个指标就可以对任何在一起的字母的系统的置换群进行和对群 $G$ 一样的推理，从而得出 $P = R^\alpha$。如此往复，最终便有 $N = p^\nu$，$p$ 是素数。

在这张碎纸上，作者继而对 $p^2$ 次根式可解本原方程这一特殊情形进行分析。

布尔涅（Bourgne）和阿兹拉（Azra）负责 1962 年戈蒂耶尔-维拉斯（Gauthiers-Villars）出版的伽罗瓦全集，认为另一张伽罗瓦未在致舍瓦利耶的信中提及的碎纸也是第二份纪要的一部分。这里问题的视角略有不同，作者考虑何时一个 $p\nu$ 次（$p$ 是素数）本原群——他没有定义这个概念——可归属于某个根式可解方程。接下来所写的，一如往常，不完全清晰，但不管怎么说，基于下面这两个引理：

引理一  设 $G$ 为 $mt \cdot n$ 个置换组成的群，可被分解成 $n$ 个与 $H$ 相似的群。我们假定群 $H$ 可被分解成 $t$ 个群，其中每个群包含 $m$ 个置换且与 $K$ 相似。

若在群 $G$ 的所有替换中仅有那些属于群 $H$ 的可以把群 $K$ 中的某些替换变成另一替换，那么我们有 $n \equiv 1 (\mathrm{mod.}\ m)$ 或者说 $tn \equiv t (\mathrm{mod}\ m)$。

引理二  设 $\mu$ 为素数，$p$ 为整数，则

$$(x-p)(x-p^2)(x-p^3)\cdots(x-p^{\mu-1}) \equiv \frac{x^\mu - 1}{x - 1} \left(\mathrm{mod.}\ \frac{p^\mu - 1}{p - 1}\right)$$

至于椭圆函数，上文提到的编辑伽罗瓦工作的诸位也将关于第一类（class）椭圆函数的除法（division）的语段添加进第二份纪要，包括两个段落，分别题为"Résolution de l'équation algébrique de degré $p^n$ en $y$ supposant connue la valeur d'une fonction qui n'est invariable que par des substitutions linéaires"（求解 $p^n$ 次方程，假设知道一个只有在线性替换下才不变的函数值）和"Division des transcendantes de première espèce en $m = p^n$ égales"（第一类超越数按 $m = p^n$ 等分）。

**4**

第三份纪要的内容只见于致舍瓦利耶的信中。伽罗瓦首先考虑任意代数函数的阿贝尔积分的周期。他继而将积分分为 3 种（kind），称若以 $n$ 记线性无关的第一种积分的数量则周期的数量为 $2n$。之后他推广了出现椭圆积分的周期的勒让德方程。显然，与代数方程理论的关联并未缺席，事实上他说：

> 给出周期的 $p$ 等分的方程是 $p^{2n} - 1$ 次的。该方程的群由 $(p^{2n} - 1)(p^{2n} - p) \cdots (p^{2n} - p^{2n-1})$ 个置换组成。
>
> 给出 $n$ 项和的 $p$ 等分的方程是 $p^{2n}$ 次的。它是根式可解的。

在致舍瓦利耶的信中，伽罗瓦从未提及他其余的简短著作，包括他在世时得以出版的那两篇。第一篇是一份非常短的笔记，于 1830 年 6 月出现在《费吕萨克通报》上，是关于数值方程的解的。第二篇于同年 12 月发表在热尔戈纳的《年鉴》(*Annales*) 上，包含截然不同的两个部分。第一部分中有下述定理的证明：

> 令 $Fx$ 和 $fx$ 为任意给定的函数，则无论 $x$ 和 $h$ 取何值，
>
> $$\frac{F(x+h) - Fx}{f(x+h) - fx} = \varphi(k)$$
>
> 对某个确定的函数 $\varphi$ 成立，$k$ 在 $x$ 和 $x + h$ 之间。

第二部分包括对空间曲线曲率半径相关定理简化的一些考虑。

过世后出版的其余较短碎片涉及对线性方程的积分的观察、偏微分方程、曲线的渐近线、微积分原理以及二次曲面。

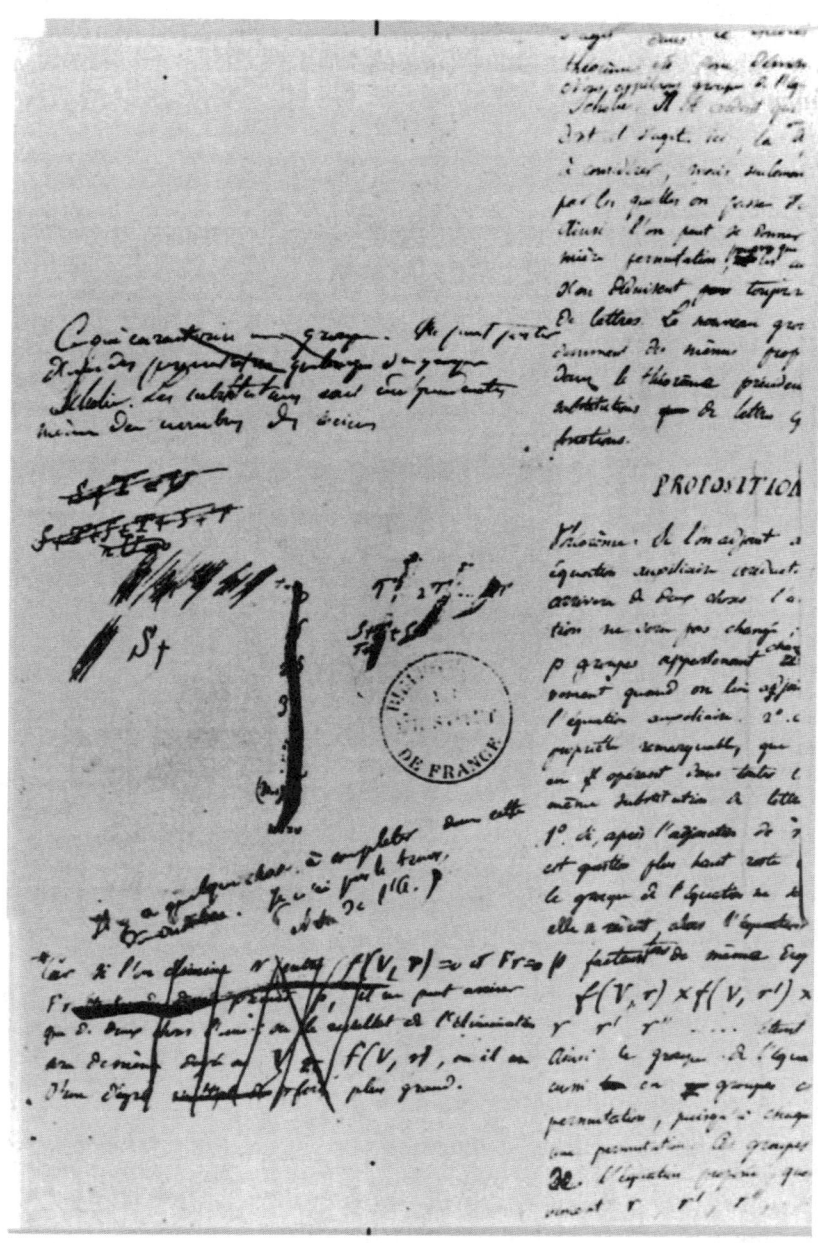

图 29　呈科学院的那份纪要,其上可见伽罗瓦于 1832 年 5 月 29 日所加的"Je n'ai pas le tem[p]s"(我没有时间)字样。

# 文  献[①]

## 1 伽罗瓦的工作

科学院(Académie)拒绝的那份纪要(mémoire)得以付印归功于奥古斯特·舍瓦利耶的坚持。舍瓦利耶制作了数份拷贝,就伽罗瓦决斗前夜的多处修改和页面边沿的注记增加了解释性的批注。

几乎肯定的是纪要被呈给多位著名数学家,但只得到了 1843 年创办《纯粹与应用数学杂志》(*Journal de Mathématiques pures et appliquées*)的约瑟夫·刘维尔(Joseph Liouville)的关注。三年后刘维尔将纪要连同伽罗瓦的另一些工作一起在他的期刊上发表。于是舍瓦利耶将伽罗瓦的全部手稿交给了他。

刘维尔于 1882 年逝世。他的书籍和文件留给了女婿塞莱斯坦·德·布利尼埃(Célestin de Blignières)。丈夫 1905 年去世之际,德·布利尼埃夫人担起了从德·布利尼埃的文书中搜寻伽罗瓦手稿的任务。收集起来后,她决定将其捐给法兰西学院(Institut de France)并授权朱尔·塔内里阅览。这促成了刘维尔忽略的伽罗瓦工作的出版。

伽罗瓦的手稿今作为(类别代号)Ms. 2108 存于法兰西学院图书馆。它们包括里夏尔珍藏一生的伽罗瓦的学校练习——里夏尔于 1849 年逝世后这些被转给夏尔·埃尔米特

---

[①] 多种语言的译本分列。

(Charles Hermite),而后者将其连同自己的藏书留给了埃米尔·皮卡(Emile Picard)。皮卡将其捐给法兰西学院。

## A 伽罗瓦生前发表的著作

April 1829. "Démonstration d'un théorème sur les fractions continues périodiques." *Annales de mathématiques pures et appliquées*, recueil periodique rédigé et publié par J. D. GERGONNE, t. XIX, n° 10, 294 – 301.

April 1830. "Analyse d'un mémoire sur la résolution algébrique des équations." *Bulletin des sciences mathématiques physique et chimiques*, rédigé par MM. STURM et GAULTIER DE CLAUVRY, 1ʳᵉ section du Bulletin universel publié par la Societé pour la propagation des connaissances scientifiques et industrielles, et sous la direction de M. le Baron DE FÉRUSSAC, t. XIII, à Paris, chez Bachelier, quai des Grands-Augustins, n° 55, § 138, 271 – 272.

June 1830. "Note sur la résolution des équations numeriques." *Bulletin des Sciences mathématiques, physiques et chimiques*, rédigé etc., t. XIII, § 216, 413 – 414.

June 1830. "Sur la théorie des nombres." *Bulletin des sciences mathématiques, physiques et chimiques*, rédigé etc., t. III, § 218, 428 – 435.

December 1830. "Notes sur quelques points d'analyse." *Annales de mathématiques pures et appliquées*, t. XI, n° 6, 182 – 184.

January 1831. "Lettre sur l'enseignement des sciences." *Gazette des écoles, Journal de l'instruction publique, de l'université, des séminaires*, n° 110, 2ᵉ année.

## B 遗作和文集

[Letter to Auguste Chevalier], 29 May 1832,

*Révue Encyclopédique*, t. 55, septembre 1832, 568 – 576.

The letter is preceded by a note by the Editors of the *Révue* and followed in the same number by the obituary by AUGUSTE CHEVALIER.

# 文 献

LIOUVILLE, JOSEPH (Ed.), "Œuvres mathématiques d'Évariste Galois." *Journal de mathématiques pures et appliquées*, t. XI, 1846, 381–444.

The "Œuvres" contain GALOIS' published papers, the Letter to CHEVALIER and, for the first time, the *mémoire* rejected by the *Académie* and a fragment of a second *mémoire*. There is also a short note by LIOUVILLE.

German translation by H. MASER, in *Abhandlungen über die algebraische Auflösung der Gleichungen von N. H. Abel und E. Galois*, Springer, Berlin, 1889, 87–140.

PICARD, EMILE (Ed.), *Œuvres mathématiques d'Évariste Galois*, publiées sous les auspices de la Société mathématique de France, Gauthier-Villars, Paris, 1897.

The same content as LIOUVILLE'S edition, but in book form and with a foreword by PICARD.

TANNERY, JULES (Ed.), "Manuscrits et papiers inédits de Galois." *Bulletin des sciences mathématiques*, (2), t. XXX, 1906, 226–248; 255–263.

It contains:

1. a very detailed description (dimensions etc.) of the following manuscripts, but with no texts (presumably because they appear in LIOUVILLE'S edition):

    [Letter to Auguste Chevalier],

    "Mémoire sur les conditions de résolubilité par radicaux,"

    "Des équations primitives qui sont solubles par radicaux";

2. the edition of the following unpublished texts, in some cases with a description of the documents, as before:

    A  "Discours préliminaire,"

    B  [Fragments; in BOURGNE et AZRA'S edition they appear with the titles: "Project de publication"; "Note sur Abel"],

    C  "Préface" [second part],

    D-E  "Discussion sur les progrès de l'analyse pure,"

    English translation by HELEN M. KLINE, "Discussion on the Progress of Pure

Analysis." *The American Mathematical Monthly*, 85, n. 7, 1978, 565–566.

F [Fragment: "Ici comme dans toutes les science … "],

G "Sciences, Hiérarchie, Écoles."

TANNERY, JULES (Ed.), "Manuscrits et papiers inédits de Galois." *Bulletin des sciences mathématiques*, (2), t. XXXI, 1907, 275–308.

It contains:

H–I [Various fragments on permutations and algebraic equations theory],

J "Comment la théorie des équations dépend de celle des permutations."

K–L [Fragments on equation groups],

M [A note on non primitive equations],

N "Addition au mémoire sur la résolution des équations,"

O [Untitled note: in BOURGNE et AZRA'S edition the title is "Mémoire sur la division d'une fonction elliptique de première classe"],

P "Note I. Sur l'intégration des équations linéaires,"

Q "Recherche sur les surfaces du $2^d$ degré."

TANNERY, JULES (Ed.), *Manuscrits de Évariste Galois*. Gauthier-Villars, Paris, 1908, pp. 68.

The reprint, in book form, of the previous edition.

*Préface* (first part), in RENÉ TATON, "Les relations de Galois avec les mathématiciens de son temps." *Révue d'histoire des sciences*, 1, 1947, 123–127.

[Lettre sur l'enseignement des sciences], in ANDRÉ DALMAS, *Évariste Galois, révolutionnaire et géomètre*. Fasquelle, Paris, 1956.

DALMAS' biography contains, as appendix, (*Documents*), this letter, printed for the first time, and also a reprint of "Discours préliminaire"; "Discussion sur les progrès de l'analyse pure"; Fragment: "Ici comme dans toutes les science … "; "Préface"; "Sciences Hiérarchie, Écoles."

There are also six private letters, printed for the first time.

PICARD, EMILE (Ed.), *Œuvres mathématiques d'Évariste Galois*. Gauthier-Villars, Paris, 1951, pp.62; 56.

A reprint of PICARD'S 1897 edition followed by a reprint of G. VERRIEST'S paper, "Évariste Galois et la théorie des équations algébriques" (1934).

BOURGNE, ROBERT; AZRA, J. P. (Eds.), *Écrits et mémoires mathématiques d'Évariste Galois*, Édition critique intégrale de ses manuscrits et publications. Préface de JEAN DIEUDONNÉ. Gauthier-Villars, Paris, 1962, pp.XXI - 541.

This is the complete edition of all materials contained in Ms 2108 of the Library of the *Institut de France*, including many pages of isolated calculations. The majority of the significant papers had already been printed; the volume also contains GALOIS' school exercises, some letters and a small number of fragments (first drafts of well-known papers etc.) printed for the first time. We have for example:

["Note sur les équations aux dérivées partielles"];

["Asymptotes d'une courbe"];

["Principes du calcul différentiel"].

A second printing of the same volume (1976) contains 10 extra pages (XXXI - 541 instead of XXI - 541). There are 2 pages of *Errata* and 2 tables of concordances between the pages of the printed text, the manuscript pages and those of the *Appendix* of the work containing their description.

LIOUVILLE, JOSEPH (Ed.), *Œuvres mathématiques d'Évariste Galois*, publiées en 1846 dans le *Journal de Liouville*; suivis d'une étude par SOPHUS LIE, "Influence de Galois sur le développement des mathématiques." Gabay, Sceaux, 1989.

## 2 传记

DUPUY, PAUL: "La Vie d'Évariste Galois." *Annales scientifiques de l'École normale supérieure*, t.XIII, 1896, 197 - 266;

reprints: *Cahiers de la Quinzaine*, 5ᵉ série, 1903;

Éditions Jacques Gabay, Sceaux 1992, pp.100.

English translation by Azalie G. Wheeler, *Life of Evariste Galois*, 193?

Spanish translation by F. J. Duarte, *La vida de Evaristo Galois*. Tipografia Americana, Caracas, 1947, pp.81;

Italian translation by Carlo Motti, *Vita del Galois*. Tumminelli, Roma, 1945, pp. xxvi - 141.

Dalmas, André: *Évariste Galois, révolutionnaire et géomètre*. Fasquelle, Paris, 1956, pp.175; corrected and enlarged edition: Le Nouveau Commerce. 1982, pp.182.

Russian translation: *Evarist Galya, revolyutsioner i matematik*. Moscow, 1960.

Astruc, Alexandre: *Évariste Galois*. Flammarion, Paris, 1994, pp.221.

## 3 传记研究

(Anonymous): "Obituary." *Magasin pittoresque*, 16, 1848, 227 - 228.

Bell, Eric Temple: *Men of Mathematics*. New York, 1937, 362 - 377 (Many reprints and translations).

Bertrand, Joseph: "Sur 'La vie d'Évariste Galois' par Paul Dupuy." *Journal des savants*, juillet 1899, 389 - 400 (reprint: *Éloges Académiques*, n. s., Paris, 1902, 329 - 345).

Châtelet, Albert: "Évariste Galois." *Cahiers Rationalistes*, n° 180, Juin-Juillet 1959.

Chevalier, Auguste: "Nécrologie 'Évariste Galois'." *Revue Encyclopédique*, t. 55, sept. 1832, 744 - 754.

Cipolla, Michele: "Evaristo Galois. Nel primo centenario della morte." *Esercitazioni Matematiche*, 7, 1933, 3 - 9.

Davidson, Gustav: "The Most Tragic Story in the Annals of Mathematics. The Life of Évariste Galois." *Scripta Mathematica*, 6, 1938, 95 - 100.

Devaux, Pierre: *Les aventuriers de la science*. Gallimard, Paris, 1943, pp. 233 (Watt, Ampère, Galois, Edison); reprint Magnard, 1947.

Henry, Charles: "Manuscrits de Sophie Germain." *Revue philosophique de la France et de* l'Etranger, 8, 1879, 619 – 641.

INFANTOZZI, CARLOS ALBERTO: "Sur la mort d'Évariste Galois." *Revue d'histoire des sciences*, 21, 1968, 157 – 160.

KOLLROS, LOUIS: *Évariste Galois*. Birkhäuser Verlag, Basel, 1949, pp.24.

MALKIN, I.: "On the 150th Anniversary of the Birth Date of an Immortal in Mathematics." *Scripta Mathematica*, 26, 1963, 197 – 200.

ROTHMAN, TONY: "Genius and Biographers: The Fictionalization of Évariste Galois." *The American Mathematical Monthly*, 89, n° 2, 1982, 84 – 106.

ROTHMAN, TONY: "The Short Life of Évariste Galois." *Scientific American*, 246, n° 4, 1982, 136 – 149.

ROTHMAN, TONY: "Un météore des mathématiques: Évariste Galois." *Pour la Science*, n° 56, 1982, 80 – 90.

SARTON, GEORGE: "Évariste Galois." *The Scientific Monthly*, 13, 1921, 363 – 375 (reprints: *Osiris*, 3, 1937, 241 – 254; and G. SARTON, *The Life of Science: Essays in the History of Civilization*. Schuman, New York, 1948).

TATON, RENÉ: "Les relations scientifiques d'Évariste Galois avec les mathématiciens de son temps." *Revue d'histoire des sciences*, 1, 1947, 114 – 130.

TATON, RENÉ: "Sur les relations scientifiques d'Augustine Cauchy et d'Évariste Galois." *Revue d'histoire des sciences*, 24, 1971, 123 – 148.

TATON, RENÉ: "Évariste Galois." *Dictionary of Scientific Biography*, Vol. 5. Scribner's Sons, New York, 1972, 259 – 265.

TATON, RENÉ: "Évariste Galois et ses contemporains." In *Présence d'Évariste Galois (1811 – 1832)*. Publication de l'association des professeurs de mathématiques de l'enseignement public, n.48, 1982, 5 – 39.

English translation by P. M. NEUMANN, "Évariste Galois and his Contemporaries." *Bulletin of London Mathematical Society*, 15, 1983, 107 – 118.

TATON, RENÉ: "Évariste Galois et ses biographes: de l'histoire aux légendes." *Sciences et techniques en perspective*, 26, 1993, 155–172.

TERQUEM, O.: "Biographie. Richard, Professeur." *Nouvelles annales de mathématiques*, 8, 1849, 448–452; Note.

TITS, JACQUES: "Évariste Galois. Son œuvre, sa vie, ses rapports avec l'Académie." *Institut de France*, 1982–10, pp.10.

## 4 小说，戏剧，电影

### A 小说

ARNOUX, ALEXANDRE: *Algorithme*. Grasset, Paris, 1948, pp.307.

BERLOQUIN, PIERRE: *Un souvenir d'enfance d'Évariste Galois*. Balland, Paris, 1974, pp.60.

INFELD, LEOPOLD: *Whom the Gods Love. The Story of Évariste Galois*. Whittlesey House, McGraw Hill, New York, London, 1948, IX–323; reprint: The National Council of Teachers of Mathematics, Reston, Va, 1978, XV–323. (Many translations in foreign languages.)

MONDOR, H.: "L'étrange rencontre de Nerval et de Galois." *Arts*, 7 juillet 1954.

### B 戏剧和电影剧本

ASTRUC, ALEXANDRE: "Évariste Galois mathématicien français." [scénario], *L'Avant-Scéne Cinema*, n.82, 1968, 50–57.

MOLE', FRANCO: "Evaristo." *Samonà e Savelli*, 1965, pp.80 (Italian one-act drama).

### C 电影

*Évariste Galois*, directed by ALEXANDRE ASTRUC, France, 1964, 20′.

*Évariste Galois*, directed by DANIÈLE BAUDRIER, FR3 Pic, France, 1984, 30′.

*Non ho tempo*, directed by ANSANO GIANNARELLI, REIAC film, Italy, 1973, 180′.

## 5 与伽罗瓦生平有关的历史著作

ALBA, ANDRÉ; ISAAC, JULES; MICHAUD, JEAN; POUTHAS, CHARLES-HENRY: *Les Révolutions*.

Hachette, Paris, 1960, pp.350.

ARAGO, FRANÇOIS: *Histoire de ma jeunesse*. Christian Bourgois Editeur, Paris, 1985.

BÉRARD, AUGUSTE SIMON LOUIS: *Souvenirs historiques sur la révolution de 1830*. Perrotin, Paris, 1834, pp.507.

BERGERON, LOUIS; FURET, FRANÇOIS; KOSELLECK, REINHART: *Das Zeitalter der europäischen Revolution 1780 – 1848*. Fischer Bücherei, Frankfurt, 1969.

BERTIER DE SAUVIGNY, GUILLAUME DE: *La Restauration*. Flammarion, Paris, 1955, pp.625.

BJERKNES, CARL ANTON: *Niels Henrik Abel: tableau de sa vie et de son action scientifique*, traduction française par l'auteur. Gauthier-Villars, Paris, 1885, pp.368.

BLANC, LOUIS: *L'Histoire de dix ans (1830 – 1840)*. Pagnerre, Paris 1841 – 1844, 5 vols. Translations in English (by the author) 1844 – 45; in German 1844, in Italian 1844, in Spanish.

BORY, JEAN-LOUIS: *La Révolution de Juillet*. Gallimard, Paris 1972, pp.736.

BURNAND, ROBERT: *La vie quotidienne en France en 1830*. Hachette, Paris 1943, pp.253.

CABET, ETIENNE: *Révolution de 1830 et situation présente*. A. Mie, Paris, 1832, pp.389.

COURSON, JEAN-LOUIS DE: *1830, la Révolution tricolore*. Julliard, Paris 1965, pp.430.

DAYOT, ARMAND: *Journées révolutionnaires, 1830 – 1848*. Flammarion, Paris, 1897, pp.112, 140.

DEBRAUX, PAUL ÉMILE: *Les barricades de 1830, scènes historiques*. A. Boulland, Paris 1830, pp.361.

DONNAY, MAURICE: *Le lycée Louis-le-Grand*, Nouvelle Révue Française. Paris 1939, pp.207.

DUMAS, ALEXANDRE: *Mes mémoires*. Calman-Lévy, Paris, 1863 – 65. English translation by E. M. WALLER. Methuen, London 1907 – 1909, 6 vols.

DUPONT-FERRIER, GUSTAVE: *Du collège de Clermont au lycée Louis-le-Grand (1563 – 1920); la vie quotidienne d'un collège parisien pendant plus de trois cent cinquante ans*. E. de Boccard, Paris 1921 – 25, 3 vols.

ELLUL, JACQUES: *Etudes sur les mouvements libéraux et nationaux de 1830*. Paris 1832.

FABRE, AUGUSTE: *La Révolution de 1830 et le véritable parti républicain*. Toisnier-Desplaces, Paris, 1833, 2 vols.

*Gazette des Ecoles*. 1830, 1831.

*Gazette des Tribunaux*. 1831.

GIRARD, GEORGE: *Les Trois Glorieuses*. Firmin Didot, Paris, 1929, pp.241.

GIRARD, LOUIS: *La Garde nationale (1814-1871)*. Plon, Paris, 1964, pp.397.

GISQUET, HENRI JOSEPH: *Mémoires de M. Gisquet, ancien préfet de police, écrits par lui-même*. Meline et Cans, Bruxelles 1840-44, 4 vols.

HERRE, FRANZ: *Napoleon Bonaparte. Wegbereiter des Jahrhunderts*. C. Bertelsmann Verlag, München 1988.

HODDE, LUCIEN DE LA: *Histoire des sociétés secrètes et du parti républicain de 1830 à 1848*. Julien et Lanier, Paris, 1850, pp.511.

English translation: *History of Secret Societies, and of the Republican Party of France from 1830-1848*. Lippincott, Philadelphia, 1856, pp.479.

*Journal des Débats*. 1831.

*La Tribune du Mouvement*. 1832.

*Le Constitutionel*. 1830.

*Le Globe*. 1830, 1831.

*Le Journal de Commerce*. 1830.

LEMOINE, YVES; LENOEL, PIERRE: *Les Avenues de la République. Souvenirs de F.-V. Raspail sur sa vie et son siècle (1794-1878)*. Hachette, Paris, 1984, pp.379.

*Le Moniteur*. 1830.

*Le National*. 1832.

*Le Temps*. 1830.

LICHTHEIM, GEORGE: *The Origins of Socialism*. Frederick A. Praeger Publishers, New York, 1969, pp.302.

LUCAS-DUBRETON, JEAN: *La Restauration et la Monarchie de Juillet*. Hachette, Paris, 1926, pp.319.

MAZAS, ALEXANDRE: *Mémoires pour servir à l'histoire de la Révolution de 1830*. Paris 1833.

NERVAL, GERARD DE: "Mes Prisons." In *La bohème galante*. Michel Lévy, Paris, 1855, pp.314.

PERREUX, GABRIEL: *Au temps des sociétés secrètes (1830 - 1835)*. Hachette, Paris, 1931, pp.398.

PINET, GASTON: *Histoire de l'Ecole Polytechnique*. Baudry, Paris, 1887, pp.500.

PROST, A.: *Histoire de l'enseignement en France (1800 - 1967)*. Colin, Paris, 1968, pp.530.

RASPAIL, FRANÇOIS-VINCENT: *Réforme pénitentiaire. Lettres sur les prisons de Paris*. Tamisey et Champion, Paris, 1839, 2 vols.

REYNAUD, PAUL: *Les trois glorieuses*. Hachette, Paris, 1927, pp.126.

RIBALLIER, LOUIS: *1830*. Nouvelle Librairie Nationale, Paris, 1911, pp.316.

ROZET, LOUIS: *Chronique de Juillet 1830*. Barrois et Duprat, Paris, 1832, 2 vols.

THUREAU-DANGIN, PAUL: *Histoire de la monarchie de Juillet*. Plon et Nourrit, Paris 1884 - 92, 7 vols.

VIGIER, PHILIPPE: *La Monarchie de Juillet*, 4$^e$ éd. mise à jour. Presses Universitaires de France, Paris 1972, pp.128.

WEILL, GEORGES JACQUES: *Histoire du parti républicain en France de 1814 à 1870*. Alcan, Paris 1900; 2$^e$ éd. rèfondue 1928, pp.431.

# 6　经典伽罗瓦理论研究[①]

BETTI, ENRICO: "Sopra la risolubilità per radicali delle equazioni algebriche irriduttibili di grado primo." *Annali di Scienze Matematiche e Fisiche*, II, 1851, 5 - 19.

---

[①] By "classical GALOIS theory" we mean the development of GALOIS ideas on resolubility of algebraic equations up to the modern abstract point of view, i.e., from BETTI (1851) to ARTIN (1930). The list is in chronological order.

Also in *Opere Matematiche*, pubblicate per cura della R. Accademia dei Lincei, I, Milano 1903.

BETTI, ENRICO: "Sulla risoluzione delle equazioni algebriche." *Annali di Scienze Matematiche e Fisiche*, III, 1853, 49 – 115.

Also: *ibidem*.

BETTI, ENRICO: "Sopra la teorica delle sostituzioni." *Annali di Scienze Matematiche e Fisiche*, VI, 1855, 5 – 34.

Also: *ibidem*.

KRONECKER, LEOPOLD: "Über die algebraisch auflösbaren Gleichungen." *Monatsberichte der Königlich Preussischen Akademie der Wissenschaften zu Berlin vom Jahre* 1853, 367 – 374.

Also in *Werke*. Leipzig, Vol.I, 1895.

DEDEKIND, RICHARD: [*Eine Vorlesung über Algebra. 1856 – 1857.*] In W. SCHARLAU, *Richard Dedekind 1831 – 1981. Eine Würdigung zu seinem Geburtstag*. F. Vieweg und Sohn, Braunschweig, 1981, 59 – 100.

(Italian translation: *Lezioni sulla teoria di Galois*, a cura e con introduzione di LAURA TOTI RIGATELLI. Sansoni, Firenze, 1990, pp.86.)

SERRET, JOSEPH ALFRED: *Cours d'algèbre supérieure*. Gauthier-Villars, Paris, 1866; II, Sec. V, Chapitre 5: "La résolution algébrique des équations. Recherches de Galois," 637 – 677.

HERMITE, CHARLES: [*Lettre á M. Serret.*] In J. A. SERRET, *Cours d'algèbre supérieure*. Gauthier-Villars, Paris, 1866; II, Sec. V, Chapitre 5: "La résolution algébrique des équations. Recherches de C. Hermite," 677 – 684.

JORDAN, CAMILLE: "Mémoire sur les groupes des équations résolubles par radicaux." *Comptes Rendues de l'Académie des Sciences*, LVIII, 1864, 963 – 966.

Also in *Œuvres*. Gauthier-Villars, Paris, 1961 – 1964, Vol.1.

JORDAN, CAMILLE: "Commentaire sur la mémoire de Galois." *Comptes Rendues de l'Académie des Sciences*, LX, 1865, 770–774.

Also: *ibidem*.

JORDAN, CAMILLE: "Mémoire sur la résolution algébrique des équations." *Comptes Rendues de l'Académie des Sciences*, LXIV, 1867, 269–272, 586–590, 1179–1183.

Also: *ibidem*.

JORDAN, CAMILLE: "Lettre à M. Liouville sur la résolution algébrique des équations." *Journal de mathématiques pures et appliquées*, (2), XII, 1867, 105–108.

Also: *ibidem*.

JORDAN, CAMILLE: "Mémoire sur la résolution algébrique des équations." *Journal de mathématiques pures et appliquées*, (2), XII, 1867, 109–157.

Also: *ibidem*.

JORDAN, CAMILLE: "Commentaire sur Galois." *Mathematische Annalen*, I, 1869, 142–160.

Also: *ibidem*.

JORDAN, CAMILLE: "Théorème sur les équations algébriques." *Comptes Rendues de l'Académie des Sciences*, LXVIII, 1869, 257–258.

Also: *ibidem*.

JORDAN, CAMILLE: "Théorèmes sur les équations algébriques." *Journal de mathématiques pures et appliquées*, (2), XIV, 1869, 139–146.

Also: *ibidem*.

JORDAN, CAMILLE: "Traité des substitutions et des équations algébriques." Gauthier-Villars, Paris, 1870, pp.663.

Reprint: Gabay, Sceaux, 1989, pp.667.

KÖNIG, JULIUS: "Beiträge zur Theorie der algebraischen Gleichungen." *Mathematische Annalen*, XXI, 1883, 424–433.

PETERSEN, JULIUS: *Theorie der algebraischen Gleichungen*. Host, Kopenhagen, 1878, pp.335.

Italian translation by G. ROZZOLINO and G. SFORZA, *Teoria delle equazioni algebriche*, 2 vols. Libreria Pellerano, Napoli, 1°vol.1891, pp.164; 2°vol.1892, pp.188.

KRONECKER, LEOPOLD: "Einige Entwicklungen aus der Theorie der algebraischen Gleichungen." *Monatsberichte der Königlich Preussischen Akademie der Wissenschaften zu Berlin vom Jahre* 1879, 205–229.

KRONECKER, LEOPOLD: "Grundzüge der arithmetischen Theorie der algebraischen Grössen." *Crelle's Journal für die reine und angewandte Mathematik*, 91, 1881, 1–122.

BACHMANN, PAUL: "Ueber Galois' Theorie der algebraischen Gleichungen." *Mathematische Annalen*, XVIII, 1881, 449–468.

NETTO, EUGEN: *Substitutionentheorie und ihre Anwendungen auf die Algebra*. Teubner, Leipzig, 1882, pp.290.

English translation by F. N. COLE, *Theory of Substitutions and Its Application to Algebra*. G. Wahr, Ann Arbor, 1892.

Italian translation by G. BATTAGLINI, *Teoria delle sostituzioni e sua applicazione all'algebra*. Loescher, Torino, 1885, pp.XII, 290.

GIUDICE, FRANCESCO: "Sulle equazioni irriducibili di grado primo risolubili per radicali." *Rendiconti del Circolo Matematico di Palermo*, (1), 1, 1887, 227–229.

GARCIA DE GALDEANO, ZOEL: *Crítica y síntesis del Algebra*. Imprenta y Librería de J. Peláez, Toledo, 1888, pp.126.

DOLBNJA, IVAN P.: "Sur le critère de Galois concernant la résolubilité des équations algébriques par radicaux." *Nouvelles annales de mathématiques*, (3), 7, 1888, 467–485.

HÖLDER, OTTO: "Zurückführung einer beliebigen algebraischen Gleichung auf eine Kette von Gleichungen." *Mathematische Annalen*, XXXIV, 1889, 25–56.

BOLZA, OSKAR: "On the Theory of Substitution-Groups and its Application to Algebraic Equations." *American Journal of Mathematics*, XIII, 1891, 59–144.

WEBER, HEINRICH: "Die allgemeinen Grundlagen der Galois'schen Gleichungstheorie." *Mathematische Annalen*, XLIII, 1893, 521–549.

文　　献

Vogt, Henri: *Leçons sur la résolution algébrique des équations*. Librairie Nony, Paris, 1895, pp.201.

Borel, Émile; Drach, Jules: *Introduction à l'étude de la théorie des nombres et de l'algèbre supérieure*. Nony, Paris, 1895, Chapitres 5, 6, 7, 262-335.

Picard, Émile: *Traité d'Analyse*. Gauthier-Villars, Paris, Vol. 3, 1895, Chapitre 16, 454-523.

Weber, Heinrich: *Lehrbuch der Algebra*. Vieweg, Braunschweig, 1895, vol. 1, Drittes Buch, 491-698.

Reprint: Chelsea, New York, 1961.

French translation of the first volume by J. Griess, *Traité d'algèbre supérieure*. Gauthier-Villars, Paris, 1898, pp.727.

Echegaray, José: *Resolución de ecuaciones y Teoría de Galois*. Imp. Fund. y Fab. de Tintas de los Hijos de J. A. Garcia, Madrid, 1897, pp.514.

Hölder, Otto: "Galois'sche Theorie mit Anwendungen." *Encyklopädie der Mathematischen Wissenschaften*, I, 1, Arithmetik und Algebra. Teubner, Leipzig, 1898-1904.

Pierpont, James: "Early History of Galois' Theory of Equations." *Bulletin of the American Mathematical Society*, (2), IV, 1898, 332-340.

Bianchi, Luigi: *Lezioni sulla teoria dei gruppi di sostituzioni e delle equazioni algebriche secondo Galois*. Spoerri Editore, Pisa, 1899, pp.283.

Pierpont, James: "On Galois' Theory of Algebraic Equations." *Annals of Mathematics*, (2), I, 1899-1900, 113-143; II, 1900-1901, 22-55.

Dickson, Leonard Eugene: *Introduction to the Theory of Algebraic Equations*. Wiley, New York, 1903, pp.104.

Cajori, Florian: *An Introduction to the Modern Theory of Equations*. Macmillan, New York, 1904, pp.230.

Mazzoni, Pacifico: "Ricerche sulla teoria delle equazioni algebriche secondo Galois." *Rendiconti del Circolo Matematico di Palermo*, (1) 44, (1920), 1-51.

CIPOLLA, MICHELE: *Teoria dei gruppi d'ordine finito e sue applicazioni*, I, II. Circolo Matematico di Catania, Catania, 1922, pp.259, 187.

VERRIEST, GUSTAVE: *Évariste Galois et la théorie des équations algébriques*. Gauthier-Villars, Paris, 1934, pp.58.

BIRKHOFF, GARRETT: "Galois and Group Theory." *Osiris*, 3, 1937, 260 - 268.

PROCISSI, ANGIOLO: "Gli studi di Enrico Betti sulla Teoria di Galois nella corrispondenza Betti-Libri." *Bollettino dell' Unione Matematica Italiana*, VIII, 1953, 315 - 328.

VAN DER WAERDEN, BARTEL LEENDERT: "Die Algebra seit Galois." *Jahresbericht der Deutschen Mathematiker-Vereinigung*, LXVIII, 1966, 155 - 165.

WUSSING, HANS: *Die Genesis des abstrakten Gruppenbegriffes*. VEB Deutscher Verlag der Wissenschaften, Berlin, 1969, pp.258.

English translation by A. SHENITZER, *The Genesis of the Abstract Group Concept*. The MIT Press, Cambridge, Massachusetts and London, 1984, pp.331.

KIERNAN, B. MELVIN: "The Development of Galois Theory from Lagrange to Artin." *Archive for History of Exact Sciences*, 8, (1/2), 1971, 40 - 152.

VAN DER WAERDEN, BARTEL LEENDERT: "Die Galois-Theorie von Heinrich Weber bis Emil Artin." *Archive for History of Exact Sciences*, 9, 1972, 240 - 248.

BRASSELET, A. M.: *Résolution des équations algébriques. Premier mémoire de Galois*. Publication de l'IREM de Lille, Juin 1979.

GARMA, SANTIAGO: "La primera exposición de la teoría de Galois en España." *Llull-Boletín de la Sociedad Española de Historia de la ciencias*, 3, 1979 - 80, 7 - 14.

DAHAN-DALMEDICO, AMY: "Résolubilité des équations par radicaux et premier mémoire d'Évariste Galois." In *Présence d'Évariste Galois (1811 - 1832)*. Publication de l'association des professeurs de mathématiques de l'enseignement public, n.48, 1982, 43 - 53.

HIRANO, YOICHI: "Note sur la diffusion de la théorie de Galois: Première classification des idées de Galois par Liouville." *Historia Scientiarum*, 27, 1984, 27 - 41.

EDWARDS, HAROLD M.: *Galois Theory*. Springer, New York, Berlin, Heidelberg, Tokio, 1984, pp.152.

TIGNOL, JEAN-PIERRE: *Leçons sur la théorie des équations*. Institut de Mathématique Pures et Appliquées, Louvain, 1980.

English revised translation by the author: *Galois Theory of Algebraic Equations*. Longman, Harlow, 1988, pp.430.

TOTI RIGATELLI, LAURA: *La mente algebrica. Storia dello sviluppo della teoria di Galois nel XIX secolo*. Bramante, Busto Arsizio, 1989, pp.170.

MAMMONE, PASQUALE: "Sur l'apport d'Enrico Betti en théorie de Galois." *Bollettino di Storia delle Scienze Matematiche*. IX, n.2, 1989, 143–169.

## 7 关于伽罗瓦的第二份纪要的研究

JORDAN, CAMILLE: "Mémoire sur le nombre des valeurs des functions." *Journal de l'École Polytechnique*, XXII, 1861, 113–194.

JORDAN, CAMILLE: "Sur la résolution algébrique des équations primitives de degré $p^2$, ($p$ étant premier impair)." *Journal de Mathématiques pures et appliquées*, (2), XIII, 1868, 111–135.

VALENTINI, VALENTINA: *La seconda memoria di E. Galois*. Unpublished Degree dissertation, University of Siena, 1991.

# 人 名 索 引

阿贝尔(Abel, Niels Henrik) 23—26,34,
　　73,85,105
阿拉戈(Arago, Etienne) 66
阿拉戈(Arago, François) 46,47,75
阿梅尔(Hamel),高师学生 58
阿图瓦(Artois, Comte D'),见"查理十世"
　　6,7,14
阿谢特(Hachette, Jean-Nicolas) 33,37
阿兹拉(Azra, J. P.) 122
埃尔米特(Hermite, Charles) 21,23,125
安德里(Andry),国民警卫队士兵 61
安培(Ampère, Andre-Marie) 24
安培(Ampère),法国国家教育总督学 17
昂方坦(Enfantin, Prosper) 36,92
奥杜安(Audouin),目击者 71
奥尔良(Orléans, duc D'),见"路易-菲利普"

巴贝夫(Babeuf, François) 51
巴尔比耶(Barbier),人民之友成员 78
巴尔比耶·杜·博卡热(Barbié du Bocage,
　　Jean-Denis) 33
巴尔特(Barthe),法务大臣 79
巴尔扎克(Balzac, Honoré de) 11

巴赫(Bach),高师学生 59,60
巴里(Bary),高师学生 58
巴斯蒂德(Bastide),国民警卫队队长 53,
　　79
巴扎尔(Bazard, Armand) 92
邦尼亚斯(Bonnias),人民之友成员 78
贝尔(Bell, Eric Temple) 35
贝尔纳丹·德·圣-皮埃尔(Bernardin de
　　Saint-Pierre, Jacques-Henri) 31
贝尔托(Berthot, Nicolas) 12
贝里(Berry, duc de) 7,49
贝里(Berry, Marie-Caroline, duchesse de)
　　92
贝纳尔(Bénard),高师学生 45
贝特兰(Berthelin),综合理工学生 43
贝托莱(Berthollet, Claude-Louis) 31
贝祖(Bézout, Etienne) 16
比尔努夫(Burnouf, Eugène) 53
比雷(Biret),教育总督学 43
比塞(Bissey),高师学生 58
比亚尔(Billard),药学专业学生 71
毕奥(Biot, Jean-Baptiste) 17,23
波尔多(Bordeaux, duc de) 49

# 人 名 索 引

波莱(Pollet),预科学校学生　37,58
波利尼亚克(Polignac, Jules de)　38,41
波特兰-迪莫特尔(Poterin-Dumotel, Jean-Louis)　89
波特兰-迪莫特尔(Poterin-Dumotel, Stéphanie)　89,90,92,95
泊松(Poisson, Siméon-Denis)　24,27,34,35,64,65,74,76,85,103,105
博德(Baude),警察局长　89
博叙(Bossut, Charles)　16
布德尔(Boudel),法律系学生　72
布尔蒙(Bourmont, Louis-Auguste-Victor de Ghaisnes, Comte de)　38
布尔涅(Bourgne, Robert)　122
布拉维(Bravais, Auguste)　27
布朗基(Blanqui, Louis-Auguste)　43,51—53,78,80
布利尼埃(Blignières, Célestin de)　125
布利尼埃(Blignières, Mme de)　125

查理十世(Charles X)　13,14,29,38,39,43,48,49,53,59,71,72,79,80

达巴斯(Dabas),高师学生　58
达尼尔(Daniel, Hippolyte)　46
达维德(David),印刷商　52
大仲马(Dumas, Alexandre)　66,68
丹东(Danton),国民警卫队士兵　61
德福尔热(Desforges),路易大帝中学教师　18,19
德·拉奥德(De La Hodde, Lucien)　1
德拉帕姆(Delapalme),助理检察官　79
德莱尔(Delair),皇家法院律师　70
德朗布尔(Delambre, Jean-Baptiste-Joseph)　23
德鲁伊诺(Drouineau, Gustave)　70
德洛奈(Delaunay, Vincent)　78
德马鲁(Desmaroux),高师学生　58

德芒特(Demante, Adélaide-Marie)　4
德芒特(Demante, Antoine)　32
德芒特(Demante, Thomas-François)　4
德尼(Denis),服务员　70
德尼阿尔(Denuard),人民之友成员　98
德·普罗尼(De Prony, Gaspard-François)　20
德塞斯凯勒(Desesquelle),服务员　70
狄利克雷(Dirichlet, Gustave Lejeune)　34
迪堡(Dubourg),法国将军　75
迪富尔(Dufour, François-Bertrand)　75
迪朗东(Durandon),服务员　70
迪内(Dinet),理工学院考官　31
迪普雷(Duprey),高师学生　58
迪沙特莱(Duchâtelet, Vincent)　75—77
蒂尔拉耶(Thillaye, Jean-Baptiste-Antoine)　23,33
杜邦(Dupont),律师　67,70,72

法尔西(Farcy),学生　60
法兰克福(Francfort),国民警卫队士兵　61
菲利普·埃加利泰(Philippe Egalité)　39
弗朗库尔(Francœur, Louis-Benjamin)　33
弗雷西努斯(Frayssinous, Denis-Luc)　31
弗龙斯基(Wronski, Hoëne)　86
伏尔泰(Voltaire, François-Marie Arouet)　7
福克斯(Fox)　42
福特里耶(Faultrier),私人诊所所有者　89,92
傅里叶(Fourier, Joseph)　24,27,34,74
富克鲁瓦(Foucroy, Antoine-François)　8

伽罗瓦(Galois, Adélaide-Marie)　8
伽罗瓦(Galois, Alfred)　8,30,94,97
伽罗瓦(Galois, Nathalie-Théodore)　4,8,30,88
伽罗瓦(Galois, Nicolas-Gabriel)　3—6,

28—30
伽罗瓦(Galois, Théodore-Michel) 3,31
盖拉尔(Guérard),高师学生 58
盖雷(Guéret),屠夫 70
高斯(Gauss, Carl Friedrich) 23,97,115,
　　117,120
格里韦尔(Grivel),法律系学生 72
古尔丹(Gourdin),国民警卫队士兵 61
古尔戈(Gourgaud, Gaspard) 44

亨利(Henry),制刀匠 70
霍尔姆伯(Holmboe, Berndt Michael) 24

吉本(Gibbon),预科学校校长 54
吉罗·德·莱恩(Girod de L'Ain),警察局
　　长 89
吉纳尔(Guinard),国民警卫队队长 53,61
吉纳尔(Guinard, Celeste-Marie) 88
吉尼奥(Guigniault, Joseph-Daniel) 31,45,
　　49,53,54,56—60
吉斯凯(Gisquet, Henri Joseph) 1,81,89
吉亚尔(Guillard),路易大帝中学教师 54
吉耶(Guilley),国民警卫队士兵 61
加德尼耶(Gardnier),国民警卫队士兵 61
加缪(Camus, Charles-Louis-Constant) 18
加尼耶-帕热斯(Garnier-Pagès),政治家
　　38
居维叶(Cuvier, Georges-Léopold) 74

卡诺(Carnot, Hippolyte) 35,36,38
卡诺(Carnot, Lazare) 35
卡诺(Carnot, Sadi) 35
卡佩勒(Cappelle),高师学生 58
卡韦尼亚克(Cavaignac, Godefroy) 38,
　　44,49,53,55,61,66,79
卡约(Caillot),书商 64
康斯坦特(Constant, Benjamin) 72
柯西(Cauchy, Augustin-Louis) 23—25,

27,34,35,37,49,74,93,104,107
科莱(Collet),高师学生 58
克雷东(Creton),法院官员 70
孔德(Comte, Auguste-François-Marie) 36
库埃(Couet),法院官员 70
库佩(Cuper),目击者 71
库维尔(Courville de),法国国家教育总督学
　　32
库赞(Cousin, Victor) 33,53,56,57

拉博里(Laborie, Pierre-Laurent) 15,16
拉·布尔东奈(La Bourdonnaie, Comte de)
　　38
拉菲特(Lafitte, Jacques) 38,48
拉斐德(侯爵)(Lafayette, Marie-Joseph)
　　1,48—50,61,66
拉格朗日(Lagrange, Joseph-Louis) 17,
　　20,23,31,74,101,105
拉卡纳尔(Lakanal, Joseph) 31
拉克鲁瓦(Lacroix, Sylvestre-François) 16—
　　18,20,34,64,65,74
拉兰(Laland, Joseph-Jérome) 17
拉马克(Lamarque, Maximilien) 98
拉梅(Lamé, Gabriel) 34
拉普拉斯(Laplace, Pierre-Simon de) 20
拉萨赛涅(Lassassaigne),预科学校学生
　　37,58
拉斯帕伊(Raspail, François-Vincent) 51,
　　52,66,67,69,71,76,78—84
拉维塞(Lavisé),皇后镇首长 4
莱尼布勒(Lenible),国民警卫队士兵 61
朗迪(Rendu),法国国家教育总督学 17
勒巴斯塔尔(Lebastard),国民警卫队士兵
　　61
勒邦(Lebon, Napoléon-Aimé) 51,52,72
勒费比尔·德·富尔西(Lefébure de Fourcy,
　　Louis-Etienne) 31
勒克莱尔(Leclerc, Joseph-Victor) 33

勒孔泰(Lecomte)，药剂师　71
勒鲁(Leroux, Pierre)　36
勒鲁瓦(Leroy, Charles-Antoine-François)　32,33
勒让德(Legendre, Adrien-Marie)　17,18,20,23,25,34
勒威耶(Le Verrier, Urbain)　21
雷米萨(Rémusat, Charles-François)　41
雷诺(Reynaud, François-Léonce)　17
里舍(Rilheux)，人民之友成员　78
里瓦伊(Rivail)，人民之友成员　78
里夏尔(Richard, Louis-Paul-Emile)　20,21,23,26,27,32,62,125
利布里(Libri, Guglielmo)　34,35,65
刘维尔(Liouville, Joseph)　34,114,125
卢韦尔(Louvel, Louis-Pierre)　7
鲁(Roux)，酒保　70
鲁(Roux)，高师学生　58
鲁菲尼(Ruffini, Paolo)　26
鲁塞尔(Rousselle)，巴黎学院秘书　32
鲁耶(Rouhier)，国民警卫队士兵　61
路易-菲利普(Louis-Philippe)　1,39,49,52,53,61,64,67,69—71,73,78,79,82,93
路易六世(Louis Ⅵ)　3
路易十八(Louis ⅩⅧ)　5—7,10,14
路易十六(Louis ⅩⅥ)　5
路易十四(Louis ⅩⅣ)　8,20,42
路易十五(Louis ⅩⅤ)　42
罗伯斯庇尔(Robespierre, Maximilien)　67
罗伯逊(Robertson, Etienne)　17
洛东(Lothon)，综合理工学生　43
洛朗(Laurent)，高师学生　58

马蒂尼亚克(Martignac, Jean-Baptiste)　27,29,38
马尔蒙(Marmont, August-Frédéric-Louis)　42,46,75

马尔特莱(Martelet)，综合理工数学教师　44
马拉斯特(Marrast, Armand)　31,66
马勒瓦尔(Malleval, François-Christophe)　9,12
马里(Marie)　16
马洛(Malot)，医学生　72
马泰(Mathé)，法律系学生　72
玛丽-路易丝(Marie-Louise)　4
芒然(Mangin)，警察局长　41
梅里永(Mérilhon)，教育大臣　59
蒙日(Monge, Gaspard)　20,23,31
米(Mie)，印刷商　75
米勒(Miller)，检察官　70
莫尔(Mohl, Julius)　53
莫南(Monin)，高师学生　58

拿破仑·波拿巴(Napoléon Bonaparte)　3—5,9,20,38,98
纳维耶(Navier, Louis)　27
南丁(Nandin)，巡回法院主审法官　67
内斯-拉费斯特(Nens-Lafaist)，高师学生　58

欧几里得(Euclid)　17,85
欧拉(Euler, Leonhard)　17,86,101

潘松尼耶(Pinsonnier)，综合理工学生　43
佩克莱(Péclet, Jean-Claude-Eugène)　32,33
佩里耶(Perier, Casimir)　48
佩龙(Peron)，法院官员　70
佩舍·埃本维尔(Pécheux D'herbenville)，国民警卫队士兵　66
彭赛列(Poncelet, Jean-Victor)　34
皮埃罗(Pierrot)，路易大帝中学教师　18
皮卡(Picard, Emile)　126
皮纳尔(Pinard)，预科学校学生　37

皮内尔(Pinel, Charles) 98
皮诺(Pinaud),高师学生 58
珀蒂(Petit),初级管辖法院官员代表 70
普安蒂(Pointis),国民警卫队士兵 61
普安索(Poinsot, Louis) 23,34
普拉纳(Plana, Giovanni Antonio Amedeo) 34
普拉尼奥尔(Planiol, Eugène) 70
普莱·德·利勒(Poullet de Lisle),数学家 17
普莱尼奥尔(Plaignol),人民之友成员 78,98
普雷沃(Prévost),人民之友成员 78
普纳尔(Penard),国民警卫队士兵 61

热尔戈纳(Gergonne, Joseph-Diez) 23,35, 100,123
热尔曼(Germain, Sophie) 64
热尔韦(Gervais),人民之友成员 79
热拉尔(Gérard),高师学生 58
茹绍(Jouchault),人民之友成员 78

萨沃伊的阿德莱德(Adelaide of Savoy) 3
塞雷(Serret, Joseph-Alfred) 21
桑比克(Sambuc),国民警卫队士兵 61
沙拉(Charras, Jean-Baptiste-Adolphe) 43,44,48
沙帕埃(Chaparre),国民警卫队士兵 61
尚特洛兹(Chantelauze, Jean-Claude) 41
尚万(Chanvin),国民警卫队士兵 61
舍瓦利耶(Chevalier, Auguste) 35,37, 51,64,67,73,92,100,102,113,114, 117,119,122,123,125
舍瓦利耶(Chevalier, Michel) 35,37,51, 64,73,92
圣-马克-吉拉尔丹(Saint-Marc-Girardin), 路易大帝中学教师 16
圣西门(Saint-Simon, Comte de, Claude- Henri de Rouvroy) 35—37
舒瓦尼奥(Choigneau),人民之友成员 79
朔费尔(Choffer),高师学生 58
斯图谟(Sturm, Jacques-Charles-François) 34
苏亚尔(Souillard),目击者 71

塔内里(Tannery, Jules) 84,125
塔耶费(Taillefer, Louis-Gabriel) 9
特雷拉(Trélat),国民警卫队士兵 61,78
梯也尔(Thiers, Louis-Adolphe) 39,41,48
图尔诺(Tourneaux),综合理工学生 43
图雷(Thouret),人民之友成员 78
托马斯(Thomas),国民警卫队队长 53

旺德里(Vendeyes),高师学生 58
韦龙(Véron, Jean-Hippolyte (Called Vernier)) 18
维莱勒(Villèle, comte de),部长理事会主席 27
维维安(Vivien),警察局长 75,89

夏多布里昂(Chateaubriand, François-René) 81
夏尔(Napoléon-François-Joseph-Charles), 帝国公爵 4
夏斯莱(Chasles, Michel) 21,35

雅基诺-戈达尔(Jacquinot-Godard),巴黎皇家法院法官 79
雅可比(Jacobi, Carl Gustav Jacob) 34, 35,97
因费尔德(Infeld, Leopold) 84
于贝尔(Hubert, Jean-Louis) 52,66,71,78
于格南(Huguenin),高师学生 58

佐卢斯(Zoilus) 84

# 写在最后的话

本书原为意大利文,后由约翰·登顿(John Denton)译为英文,中文版即按英文版翻译。

对末章提及的伽罗瓦笔迹有兴趣的读者可参阅 EMS Press(欧洲数学会下属出版社)出版的 *The Mathematical Writings of Evariste Galois*。查尔斯·W.柯蒂斯(Charles W. Curtis)有一篇书评,可在 AMS(美国数学会)网站读到,其中谈及"In modern terminology, Galois stated that $PSL(2, p)$ is a simple group if $p \neq 2, 3$"。

伊恩·斯图尔特(Ian Stewart)在其文章 Galois and the simple group of order 60 的摘要中写道:

In his testamentary letter to Auguste Chevalier, Evariste Galois states that, in modern terminology, the smallest simple group has order 60. No proof of this statement survives in his papers, and it has been suggested that a proof would have been impossible using the methods available at the time. We argue that this assertion is unduly pessimistic. Moreover, one fragmentary document, dismissed as a triviality and misunderstood, looks suspiciously like cryptic notes related to this result. We give an elementary proof of

Galois's statement, explain why it is likely that he would have been aware of the methods involved, and discuss the potential relevance of the fragment.

  对现今称为伽罗瓦理论的部分的现代处理，可参埃米尔·阿廷（Emil Artin）所作的 *Galois Theory*。上海科学技术出版社将其纳入阿廷的合集翻译出版。

译　者

2024.8.5